小微企业
法律知识手册

周柏根 编著

宁波出版社
NINGBO PUBLISHING HOUSE

图书在版编目（CIP）数据

小微企业法律知识手册 / 周柏根编著 . -- 宁波：宁波出版社，2023.5
ISBN 978-7-5526-4922-2

Ⅰ.①小… Ⅱ.①周… Ⅲ.①中小企业—企业法—中国—手册 Ⅳ.① D922.291.914-62

中国国家版本馆 CIP 数据核字（2023）第 051720 号

小微企业法律知识手册
周柏根　编著

出版发行	宁波出版社
	（宁波市甬江大道1号宁波书城8号楼6楼）
责任编辑	俞　琦
责任校对	叶呈圆
责任印制	陈　钰
装帧设计	金字斋
印　　刷	宁波白云印刷有限公司
开　　本	889 毫米 × 1194 毫米　1/32
印　　张	11
字　　数	255 千
版　　次	2023 年 5 月第 1 版
印　　次	2023 年 5 月第 1 次印刷
标准书号	ISBN 978-7-5526-4922-2
定　　价	59.00 元

版权所有　侵权必究

序　言

我长期从事企业法律服务，深感经营企业不易，而把企业经营得长期向好更难。我所了解的一些企业，有的未成长就夭折了，有的曾经辉煌，但也好景不长，究其原因很复杂，但有一个不可忽视的因素，就是不重视法律风险防范。

我能为小微企业防控法律风险做点什么？近年来，我专注于学习与企业相关的法律，研究分析案例，参与组建景宁畲族自治县"向企"民营企业法律服务咨询平台和宁波滨江社区周柏根党员律师工作室，担任宁波市丽水商会、宁波市景宁商会法律顾问，以及宁波市银辉志愿者联合会志愿者，努力为企业和社区做法律咨询解答、普法教育等公益法律服务工作。

我遵循实用性、便利性、综合性的原则，编写《小微企业法律知识手册》，期望这本小册子能成为小微企业及其经营者了解相关法律知识的读本，也能作为小微企业法务培训的参考资料。这本小册子内容还不尽完善，期待读者批评指正，我将不断修订完善。同时，在此声明，如有引用文字不当之处，敬请相关方直接联系我本人，我将尽快沟通处理。

周柏根

2022 年 1 月 18 日于宁波滨江海晨苑

致 谢

我感恩"怀德堂"这座已有两百多年历史的古建筑，它位于浙江省景宁畲族自治县渤海镇。我有幸生于此，在先贤"德"文化滋养下成长，这是我著书的精神源泉。我感恩宁波这座包容、开放、蓬勃向上的城市，尤其是它悠久的文化历史和浓厚的工商业、科研创新氛围，这是我著书梦起之地。

我著书得到妻子梅翠萍的全力支持，儿子周翔作为工商业者、儿媳葛燕燕作为律师，对本书提出宝贵建议，孙子周子越绘制了封面勒口处的头像，在此致以谢意。宁波市鄞州区司法局牵头浙江同舟律师事务所与景宁畲族自治县司法局共同设立"向企"法律服务平台，由我提供公益法律服务，因此能够倾听更多小微企业的心声，亦表示感谢。宁波出版社俞琦女士以及出版社其他人员对本书出版给予帮助，尤为感谢。在著书过程中，不少图书给我带来有益的启示，对这些图书编著者，我深表谢意。

周柏根
2022 年 9 月 29 日于宁波滨江海晨苑

目录
Contents

第一章 选择市场主体须知 ………………………………… 001

第一节 市场主体的法律制度、概念及范围 …………… 002
第二节 市场主体的分类 ………………………………… 003
第三节 市场主体的责任承担差异 ……………………… 004
第四节 市场主体税负、法律适用与治理方式差异 …… 008

第二章 设立市场主体须知 ………………………………… 011

第一节 市场主体设立法律制度及有关事项 …………… 012
第二节 企业设立三大事：企业名称、设立（出资）协议、
企业章程 ………………………………………… 022

第三章 企业治理法律事务 ………………………………… 043

第一节 概述 ……………………………………………… 044

第二节　公司组织机构与公司治理 …………………… 048

第三节　《中华人民共和国公司法》修订新动态 ………… 052

第四章　企业合同法律事务　　057

第一节　概述 ………………………………………… 058

第二节　《中华人民共和国民法典》关于典型合同的规定　063

第三节　部分合同的法律规定与文本介绍 ……………… 065

第四节　合同订立、履行、归档保管工作 ……………… 114

第五章　企业劳动用工的法律事务　　119

第一节　概述 ………………………………………… 120

第二节　劳动用工的法律制度 ………………………… 120

第三节　签订、履行劳动合同的法律事务 …………… 122

第四节　劳动用工管理制度介绍 ……………………… 135

第五节　最高人民法院劳动合同纠纷裁判类案例选摘 … 136

第六章　企业税务法律事务　　161

第一节　税收征管法律体系基本内容 ………………… 162

第二节　《中华人民共和国税收征收管理法》基本内容　164

第三节　所得税法基本内容 …………………………… 167

第四节　合法利用税收优惠政策与防控税收风险 ……… 171

第七章　企业知识产权法律事务 … 175

第一节　知识产权法律制度 … 176
第二节　企业著作权法律事务 … 179
第三节　企业专利法律事务 … 183
第四节　企业商标法律事务 … 197
第五节　知识产权案例 … 207

第八章　物权法律知识 … 211

第一节　概述 … 212
第二节　不动产、动产的法律规定 … 212
第三节　土地承包经营权、建设用地使用权的法律规定 … 215
第四节　担保物权的法律规定 … 217

第九章　侵权责任的法律规定 … 223

第一节　侵权责任的一般规定 … 224
第二节　侵权责任主体的特殊规定 … 225
第三节　产品责任 … 230
第四节　环境污染和生态破坏责任 … 233

第十章 企业民事诉讼法律事务 ⋯⋯⋯⋯⋯⋯ 235

第一节 概述 ⋯⋯⋯⋯⋯⋯⋯⋯⋯⋯⋯⋯⋯⋯⋯ 236

第二节 原告在起诉、审理阶段的注意事项 ⋯⋯⋯⋯ 239

第三节 被告在应诉、审理阶段的注意事项 ⋯⋯⋯⋯ 245

第四节 执行阶段的注意事项 ⋯⋯⋯⋯⋯⋯⋯⋯⋯ 247

第十一章 企业的刑事法律风险 ⋯⋯⋯⋯⋯⋯⋯⋯ 257

第一节 刑事法律制度及刑法总则内容 ⋯⋯⋯⋯⋯ 258

第二节 企业潜在的刑事风险 ⋯⋯⋯⋯⋯⋯⋯⋯⋯ 262

第三节 刑事诉讼制度介绍 ⋯⋯⋯⋯⋯⋯⋯⋯⋯⋯ 278

第四节 企业刑事风险的防范应对 ⋯⋯⋯⋯⋯⋯⋯ 282

第十二章 小微企业的企业合规问题 ⋯⋯⋯⋯⋯⋯ 295

第一节 企业合规概述 ⋯⋯⋯⋯⋯⋯⋯⋯⋯⋯⋯⋯ 296

第二节 企业合规的法律规范选介 ⋯⋯⋯⋯⋯⋯⋯ 302

第三节 我国企业合规制度建设历程 ⋯⋯⋯⋯⋯⋯ 310

第四节 企业合规示范文书选录 ⋯⋯⋯⋯⋯⋯⋯⋯ 318

第五节 企业合规典型案例 ⋯⋯⋯⋯⋯⋯⋯⋯⋯⋯ 329

第六节 小微企业合规建设 ⋯⋯⋯⋯⋯⋯⋯⋯⋯⋯ 334

参考资料 ⋯⋯⋯⋯⋯⋯⋯⋯⋯⋯⋯⋯⋯⋯⋯⋯⋯⋯⋯ 337

第一章
选择市场主体须知

如何选择市场主体?

我国法律规定的市场主体有哪些?

不同的市场主体有哪些异同?

以上这些都是创业者必须首先思考的问题。本章简单介绍与市场主体选择相关的法律知识,便于创业者结合自身创业模式、规模、业务范围等实际情况,选择适合的市场主体。

第一节
市场主体的法律制度、概念及范围

一、市场主体的法律制度

《中华人民共和国个人独资企业法》(2000年1月1日施行)

《中华人民共和国合伙企业法》(2007年6月1日施行)

《最高人民法院关于适用〈中华人民共和国公司法〉若干问题的规定(一)》(2006年3月27日通过)

《最高人民法院关于适用〈中华人民共和国公司法〉若干问题的规定(二)》(2008年5月5日通过)

《最高人民法院关于适用〈中华人民共和国公司法〉若干问题的规定(三)》(2010年12月6日通过)

《最高人民法院关于适用〈中华人民共和国公司法〉若干问题的规定(四)》(2016年12月5日通过)

《最高人民法院关于适用〈中华人民共和国公司法〉若干问题的规定(五)》(2019年4月22日通过,2019年4月29日施行)

《中华人民共和国公司法》(2018年10月26日施行)

《中华人民共和国民法典》(2021年1月1日施行)

《促进个体工商户发展条例》(2022年11月1日施行,《个体工商户条例》同时废止)

(后文出现的法律名称,除特殊情况外,均用简称)

二、市场主体的概念及范围

(一)概念

市场主体是指在中华人民共和国境内以营利为目的从事经营活动的自然人、法人及非法人组织。

(二)范围

市场主体的范围：公司（有限责任公司和股份有限公司）、非公司企业法人及其分支机构；个人独资企业、合伙企业及其分支机构；农民专业合作社（联合社）及其分支机构；个体工商户；外国公司分支机构；法律、行政法规规定的其他市场主体。

本章仅以个体工商户、公司（包括一人有限公司）、合伙企业、个人独资企业为例进行分析。

第二节
市场主体的分类

一、个体工商户

自然人从事工商业经营，经依法登记，为个体工商户。

二、公司

公司是一种企业形态，是依照法定的条件与程序设立的，以营利为目的的商事组织，是当今我国市场经济最典型的企业形式之一。按《公司法》规定，公司是指依照该法在中华人民共和国境内设立的有限责任公司和股份有限公司。公司是企业法人，有独立的法人财产，享有法人财产权。

三、一人有限公司

一人有限公司是只有一个自然人股东或者一个法人股东的有限责任公司，是有限责任公司的特殊类型。

四、合伙企业

合伙企业是指自然人、法人和其他组织依法在中国境内设立的普通合伙企业和有限合伙企业。

五、个人独资企业

个人独资企业是指依法在中国境内设立，由一个自然人投资，财产为投资人个人所有，投资人以其个人财产对企业债务承担无限责任的经营实体。

第三节
市场主体的责任承担差异

一、个体工商户的责任承担及应注意的问题

（一）个体工商户的责任承担

《民法典》第 56 条规定，个体工商户的债务，个人经营的，以个

人财产承担；家庭经营的，以家庭财产承担；无法区分的，以家庭财产承担。

提示

1.注意区分个人经营还是家庭经营

选择个人经营的，务必明确区分个人经营与家庭经营的界限，避免两者混同。经营者应当采取一些保护措施：一是经营者个人与家庭成员签订个体工商户个人经营协议书；二是设立个体工商户账簿；三是记录清楚与家庭资金来往情况；四是避免个人经营与家庭经营混同的其他方式。

2.区分个人经营与家庭经营的意义

(1)有利于个人财产与家庭财产的区分。

《民法典》第1065条【夫妻约定财产制】规定："男女双方可以约定婚姻关系存续期间所得的财产以及婚前财产归各自所有、共同所有或者部分各自所有、部分共同所有。约定应当采用书面形式。"

(2)有利于个人财产与家庭财产的分割。

如夫妻之间发生《民法典》第1066条【婚姻关系存续期间夫妻共同财产的分割】或该法第1087条【离婚时夫妻共同财产的处理】的情形，有利于界定该个体工商户财产是否属于夫妻共同财产，从而减少该类纠纷的发生。

(3)有利于个人债务与家庭债务的责任区分。

《民法典》第1064条【夫妻共同债务】第二款规定："夫妻一方在婚姻关系存续期间以个人名义超出家庭日常生活

需要所负的债务,不属于夫妻共同债务;但是,债权人能够证明该债务用于夫妻共同生活、共同生产经营或者基于夫妻双方共同意思表示的除外。"长期以来,在民事诉讼中,债权人对夫妻婚姻关系存续期间夫妻一方以个人名义所负的债务,往往会以夫妻共同债务为由,起诉夫妻双方。若债权人能够证明夫或妻一方经营的个体工商户财产与家庭财产混同,那么,即使夫或妻一方以该债务不属于夫妻共同债务而属于夫或妻一方个人债务抗辩,也很可能得不到人民法院的支持。

所以,为了保护公民合法民事权益,应避免个体工商户财产与家庭财产混同的情形。

(二)名为个体工商户实为合伙经营的问题

实务中,一些登记注册为个体工商户的企业,却是多人投资经营。这类情况,名为个体工商户,实为合伙经营,存在一些风险隐患。

如个体工商户登记人因夫妻共同债务的诉讼导致包含投资者在内的个体工商户的资产被执行,由此造成其他投资人的损失。虽然可以向个体工商户登记人追偿,但如果该个体工商户登记人没有能力赔偿,其他投资人的损失将无可挽回。

二、公司形式及责任承担

(一)公司形式

1.有限责任公司指由一定人数的股东组成的、股东只以其出资为限对公司承担责任、公司以其全部资产对公司债务承担责任的公司。

2.股份有限公司指由一定人数以上的股东组成的、公司全部资本分为等额股份、股东以其所认购股份为限对公司承担责任、公司以其全部资产对公司债务承担责任的公司。

3.有限责任公司特殊类型：一人有限责任公司。

(二)公司责任承担

1.有限责任公司责任承担：所有股东都只以其对公司的出资额为限对公司承担责任；公司以其全部资产来承担公司的债务；股东对超出公司全部资产的债务不承担责任。

2.股份有限公司责任承担：公司全部资本分为等额股份；股东以其所认购股份为限对公司承担责任；公司以其全部资产来承担公司的债务。

3.一人有限责任公司责任承担：一人有限责任公司是独立的企业法人，具有完全的民事权利能力、民事行为能力和民事责任能力，以其财产独立承担民事责任。

(提示)

公司如存在公司与股东财产混同以及法律规定的情形，股东可能要对公司债务承担连带责任。

三、合伙企业形式及责任承担

(一)合伙企业形式

1.普通合伙企业，由普通合伙人组成，合伙人对企业债务承担无限责任。

2.有限合伙企业，由普通合伙人和有限合伙人组成，普通合伙人对合伙企业债务承担无限连带责任，有限合伙人以其认缴的出资额为限对合伙企业债务承担责任。

（二）合伙企业责任承担

1. 普通合伙企业与有限合伙企业的相同点：两者具有相同的法律地位，享受相同的税收待遇，承担相同的法律责任。

2. 普通合伙企业与有限合伙企业的不同点：一是合伙人构成不同，即有限合伙企业的成员由有限合伙人和普通合伙人两部分构成；二是管理职责不同，有限合伙企业中，有限合伙人一般不参与合伙的具体经营管理，而由普通合伙人从事具体的经营管理；三是风险责任承担不同，即有限合伙企业中有限合伙人以其认缴出资额为限对合伙企业债务承担有限责任，普通合伙人对合伙企业债务承担无限连带责任。

四、个人独资企业责任承担

投资人以其个人财产对企业债务承担无限责任。

第四节
市场主体税负、法律适用与治理方式差异

一、市场主体税负差异

（一）企业

《企业所得税法》第 1 条规定："在中华人民共和国境内，企业和其他取得收入的组织（以下统称企业）为企业所得税的纳税人，

依照本法的规定缴纳企业所得税。个人独资企业、合伙企业不适用本法。"

1. 我国的公司（包括一人有限责任公司）属于我国企业所得税纳税主体，具有缴纳企业所得税的义务。

公司及其股东分别就其公司所得和股东股利分别缴纳法人所得税和个人所得税。

2. 个人独资企业和合伙企业自2000年1月1日起停止征收企业所得税，其投资者的生产经营所得，比照个体工商户的生产、经营所得征收个人所得税。

合伙企业合伙人是自然人的，缴纳个人所得税；合伙人是法人和其他组织的，缴纳企业所得税。

（二）个体工商户

个体工商户没有企业所得税，只按生产、经营所得征收个人所得税。税收征收方式有两种：一种是查账征收，针对有能力建立账簿的个体工商户，税务部门对其采用查账征收；另一种是定期定额征收，针对规模小又无建账能力的个体工商户，税务部门对其实行定期定额征收。

二、市场主体法律适用、治理方式差异

市场主体	不同点
个体工商户	内部无监管机构、监管相对最少，"个体"说了算，与个人独资企业、合伙企业和公司的法律性质不同、适用的法律不同——适用《促进个体工商户发展条例》及相关法律法规

续表

市场主体	不同点
个人独资企业	内部一般无监管机构、监管相对最少，"个人"说了算，与个体工商户、合伙企业和公司的法律性质不同、适用的法律不同——适用《个人独资企业法》及相关法律法规
合伙企业	普通合伙企业：普通合伙人都有决策、经营管理权；有限合伙企业：经营管理和决策权一般归属普通合伙人，不属于有限合伙人；与个体工商户、个人独资企业和公司的法律性质不同、适用的法律不同——《合伙企业法》及相关法律法规
有限责任公司（包含一人有限责任公司）	内部有股东（大）会、董事会、监事会和经理管理层承担治理义务，受《公司法》约束、更多监管；具有资合性与人合性、有条件的可依法改制为股份公司上市；与个体工商户、个人独资企业和合伙企业的法律性质不同、适用的法律不同——适用《公司法》及相关法律法规

本章小结

- 经营者须如"量体裁衣"般选择"合身"的市场主体。

- 经营者宜根据生产经营变化而变更市场主体。

- 本章仅分析部分市场主体的部分特征，经营者在选择市场主体时，还要做更深入的考虑。

第二章
设立市场主体须知

为什么要从长计议选好企业"字号"？

为什么说企业章程是企业的纲领性文件？

企业设立要注意哪些问题？

市场主体的设立是市场主体发展的基础，依法规范设立市场主体是市场主体健康发展的前提。

我国诉讼与仲裁的企业类纠纷案件，有不少源于企业设立市场主体的不规范行为，有些纠纷长期困扰着企业经营者，严重制约了企业的发展。

设立市场主体时，企业应聘请律师提供市场主体设立专项法律服务，如咨询解答、有关文件的制作、审查等，这可使企业设立内容更规范、更高效，尤其是能规避市场主体设立时给企业运营留下的不利因素。本章以部分市场主体为例，加以分析说明。

第一节
市场主体设立法律制度及有关事项

一、市场主体设立法律制度

《公司注册资本登记管理规定》(2014年3月1日施行)

《企业经营范围登记管理规定》(2015年10月1日施行)

《中华人民共和国公司登记管理条例》(2016年2月6日修正)

《中华人民共和国企业法人登记管理条例》(2019年3月2日修订)

《中华人民共和国企业法人登记管理条例实施细则》(2020年10月23日修订)

《企业名称登记管理规定》(2020年12月28日公布)

《中华人民共和国市场主体登记管理条例》(2021年7月27日公布)

《中华人民共和国市场主体登记管理条例实施细则》(2022年3月1日公布)

二、申请办理设立登记内容与材料准备

（一）申请设立登记应当提交的综合性材料

1. 申请书。
2. 申请人主体资格文件或者自然人身份证明。

3.住所(非主要经营场所、经营场所)相关证明。

4.公司、非公司企业法人、农民合作社(联合社)章程或者合伙企业合作协议。

(二)申请设立登记要提交的专项材料

【个体工商户】

1.登记事项：组成形式、经营范围、经营场所，经营者姓名、住所。个体工商户可以起字号，字号作为登记事项。

2.备案事项：家庭参加的家庭成员姓名、登记联络员。

【公司】

1.登记事项：名称、类型、经营范围、住所、注册资本、法定代表人姓名、有限责任公司股东或者股份有限公司发起人姓名或者名称。

2.备案事项：章程、经营期限、有限责任公司股东或者股份有限公司发起人的出资数额、董事、监事、高级管理人员、登记联络员。

3.公司设立登记，还应当提交法定代表人、董事、监事和高级管理人员的任职文件和自然人身份证明。

【合伙企业】

1.登记事项：名称、类型、经营范围、主要经营场所、出资额、执行事务合伙人名称或者姓名、住所、承担责任方式。执行事务合伙人是法人或者组织的，登记事项还应包括其委派的代表姓名。

2.备案事项：合伙协议、合伙期限、合伙人认缴或者实际缴付的出资数额、缴付期限和出资方式、登记联络员、外商投资合伙企业法律文件送达接受人。

3. 合伙企业设立,还应当:

(1)法律法规规定设立特殊的普通合伙企业需要提交合伙人的职业资格文件的,提交相应材料。

(2)全体合伙人决定委托执行事务合伙人的,应当提交全体合伙人的委托书和执行事务合伙人的主体资格文件或者自然人身份证明。执行事务合伙人是法人或者其他组织的,还应当提交其委派代表的委托书和自然人身份证明。

【个人独资企业】

1. 登记事项:名称、类型、经营范围、出资额、投资人姓名及居所。

2. 备案事项:登记联络员。

【农民专业合作社(联合社)】

1. 登记事项:名称、类型、经营范围、住所、出资额、法定代表人姓名。

2. 备案事项:章程、成员、登记联络员。

3. 农民专业合作社(联合社)设立,还应当提交:

(1)全体设立人签名或者盖章的设立大会纪要。

(2)法定代表人、理事的任职文件和自然人身份证明。

(3)成员名册和出资清单,以及成员主体资格文件或者自然人身份证明。

(三)申请办理设立登记要注意的事项

1. 申请人对申请材料的真实性、合法性、有效性负责。

2. 注册资本认缴与实缴问题。以前,有限公司注册资本采用实缴制,股东需将注册资本存入账户并经注册会计师验资;自2013年《公司法》第三次修正后,只需要提出公司注册资本数额、承诺缴纳期限并办理登记手续即可。

(1)认缴注册资本之后,必须履行实缴注册资本的义务。

(2)股东如未能按时足额实缴注册资本,要承担相应的法律责任。

(3)股东不顾投资能力认缴注册资本,而不能实缴注册资本,可能增大自身的风险责任。

3.经营范围问题。经营范围是市场主体所从事经营活动的业务范围,一般分为一般经营项目和特许经营项目。

(1)一般经营项目:自登记机关签发营业执照之日起,市场主体即可以市场主体名义从事一般经营项目。

(2)特许经营项目:自行政许可部门批准之日起,市场主体方可从事特许经营项目。

(3)未经行政许可部门批准,从事特许经营项目,轻则受到行政监管部门行政处罚,重则可能涉嫌刑事犯罪。例如无证照资质而经营银行业务的,就犯了非法吸收公众存款罪。

4.限制登记市场主体有下列情形的,登记机关不予登记:

(1)已被市场监管部门列入经营异常名录或严重违法失信名单,尚未移出的。

(2)已被市场监管部门立案调查,尚未结案或尚未履行行政处罚决定书规定的义务的。

(3)市场主体相关自然人不符合法律、行政法规关于任职资格要求的。

（4）人民法院要求登记机关依法限制商事登记的。

（5）其他法律、行政法规规定的不予登记情形。

5. 使用企业名称应当遵守法律法规，诚实守信，不得损害他人合法权益。

三、提交的文件（范本）（以申请设立有限责任公司为例）

（一）应当向公司登记机关提交的文件

1. 公司拟任法定代表人签署的《公司登记（备案）申请书》。

2. 全体股东签署的《指定代表或者共同委托代理人授权委托书》及指定代表或委托代理人的身份证复印件。

> **提示**
>
> 应标明指定代表或者共同委托人的办理事项、权限、授权期限。

3. 股东签署的公司章程。公司的登记事项一般需在公司章程中载明。有限责任公司章程应当载明下列事项：

（1）公司名称和住所；

（2）公司经营范围；

（3）公司注册资本；

（4）股东的姓名或名称；

（5）股东的出资方式、出资额和出资时间；

（6）公司的机构及其产生办法、职权、议事规则；

（7）公司法定代表人；

（8）股东会会议认为需要规定的其他事项。

4.股东的主体资格证明或者自然人身份证复印件。

若股东为企业,应提交营业执照副本复印件加盖公章;若股东为事业法人,应提交事业法人登记证书复印件。

5.董事、监事和经理的任职文件及身份证明复印件。

依据《公司法》和公司章程的规定和程序,提交股东会决议、董事会决议或其他相关材料。股东会决议由股东签署(股东为自然人的由本人签字;自然人以外的股东加盖公章)、董事会决议由董事签字。

6.法定代表人任职文件及身份证明复印件。

依据《公司法》和公司章程的规定和程序,提交股东会决议、董事会决议或其他相关材料。股东会决议由股东签署(股东为自然人的由本人签字;自然人以外的股东加盖公章)、董事会决议由董事签字。

7.住所使用证明。

8.《企业名称预先核准通知书》。

9.法律、行政法规和国务院决定规定中设立有限责任公司必须报经批准的,要提交有关的批准文件或者许可证书复印件。

10.公司申请登记的经营范围中有法律、行政法规和国务院决定规定中必须在登记前报经批准的项目,要提交有关的批准文件或者许可证书复印件或许可证明。

11.其他有关文件。

(二)申请设立有限责任公司的文件范本

以下提供5类文件范本,供参考。加"～～～"斜体文字为解释语言。

12. ××有限公司首次股东会决议

首次股东会决议

会议时间：××年×月×日

会议地点：××××××××

召集人：×××（*出资最多的股东*）

主持人：×××（*出资最多的股东*）

应到股东×方，实到股东×方，代表100%表决权。全体股东一致通过如下决议：

1. 选举×××为执行董事，是公司法定代表人，任期三年。

2. 选举×××为监事，任期三年。

上述人员的任职资格，经审查符合法律、法规的有关规定。

如公司成立董事会、监事会，则应作如下表述：

1. 选举×××、×××、×××为公司董事，任期三年。

2. 选举×××、×××为公司股东代表监事，任期三年。

3. 职工代表监事待公司成立后由职工代表大会选举产生，并向公司登记机关备案。（*这条仅用于公司成立前未选举出职工代表监事的情况*）

上述人员的任职资格，经审查符合法律、法规的有关规定。

全体股东签字（盖章）：

（*此处自然人股东"签字"，非自然人股东"盖章"*）

××年×月×日

13. ××有限公司首次董事会决议（适用于设有董事会的）

首次董事会决议

会议时间：××年×月×日

会议地点：××××××××

召集人：×××（董事长）

主持人：×××（董事长）

本次会议已于××年×月×日以公司章程规定的方式通知全体董事。本次会议应到董事×人，实际到会董事×人。参会董事一致通过如下决议：

1. 选举×××为董事长，是公司法定代表人，任期三年。
2. 选举×××为副董事长，任期三年。
3. 聘任×××为经理。

上述人员的任职资格，经审查符合法律、法规的有关规定。

参会董事签字：

××年×月×日

14. ××有限公司首次监事会决议（适用于设有监事会的）

首次监事会决议

会议时间：××年×月×日

会议地点：××××××××

本次会议已于××年×月×日以公司章程规定的方式通知全体监事。本次会议应到监事×人，实际到会监事×人。参会监事一致通过如下决议：

1. 选举×××为监事会主席，任期三年。

上述人员的任职资格，经审查符合法律、法规的有关规定。

参会监事签字：

××年×月×日

15. ××有限公司首次职工代表大会决议

首次职工代表大会决议

会议时间：××年×月×日

会议地点：×××××××××

参加会议的职工代表：×××、×××、×××、×××……

会议内容：

1.经全体职工代表一致同意，选举×××为职工代表监事，任期三年。

上述人员的任职资格，经审查符合法律、法规的有关规定。

与会职工代表签字：

××年×月×日

---

16. ××有限公司关于聘任经理的决定

关于聘任经理的决定

根据公司章程的规定，聘任×××为公司经理，任期三年，以上人员的任职资格，经审查符合法律、法规的有关规定。

执行董事签名：

××年×月×日

（来源：宁波国家高新区行政服务大厅）

第二节
企业设立三大事：企业名称、设立（出资）协议、企业章程

一、设定企业名称

一个企业必须先有名称，才能申报办理登记。

（一）设定企业名称是开办企业的必经程序

（二）企业字号是企业名称的核心要素

根据《企业名称登记管理规定》，企业名称基本要素有：行政区划名称、行业或者经营特点、组织形式、字号。前三要素属于共有的要素，而字号是可以独占的要素，故属于企业名称中的核心要素。

如"浙江白湖建筑安全科技有限公司"这个名称中，"浙江""建筑""科技有限公司"分别属于行政区划、行业、组织形式，"白湖"则属于字号。从这个企业名称看，"浙江""建筑""科技有限公司"属于企业的共有的要素，唯有"白湖"是该企业具有的独占的要素，反映申请人的表意，表达与其他企业的区别。一些著名的字号，含义极其丰富，具有鲜明的特性。

（三）企业名称是企业的标识，是企业的无形资产

企业名称与企业的产品和服务关联，优质的产品、良好的服务给企业积累声誉，使企业名称的价值不断增加，不断形成企业的无形资产。

(四)企业名称依法核准登记之后,受法律保护

1. 企业名称由申请人自主申报,依法选定、办理登记。

2. 使用企业名称应当遵守法律法规,诚实守信,不损害他人合法权益。

3. 企业名称转让或者授权他人使用的,应当依法通过国家企业信用公示系统向社会公示。

4. 企业认为其他企业名称侵犯本企业名称合法权益的,可以向人民法院起诉或者请求为涉嫌侵权企业办理登记的企业登记机关处理。

二、制定《设立(出资)协议》

(一)签订《设立(出资)协议》的价值

市场主体设立协议是市场主体设立时的前置法律文件,用于明确股东、合伙人各自在公司、企业设立过程中的权利义务,至少具有以下价值:一是市场主体设立协议使创业者"进入"商事主体设立阶段有章可循,合作愉快有保障;二是市场主体设立协议为出资协议、合伙协议、股东协议、章程奠定基础;三是如公司、企业设立不成,商事主体设立协议,有利于设立人有序"退出",好合好散少烦恼。

(二)《设立(出资)协议》的主要事项

1. 出资方的姓名或者名称、住所。

2. 公司名称、住所地、经营范围。

3. 出资额和出资方式。

4. 股东的权利、义务和责任。

5. 公司股东会、董事会、总经理和监事会等设置情况。

6. 公司利润分配和财务管理。

7. 公司未成立的后果及责任。

(三)《设立(出资)协议》的主要事项说明

1. 关于第 4 项"股东的权利、义务和责任"。

股东在公司设立中主要有按照出资额所占比例享有股权权益、包括协商决定公司名称的权利、公司不能成立时收回出资的权利、对其他股东的有害公司设立行为提起诉讼的权利等。主要义务是按照约定按时足额出资和不得抽回出资。

2. 关于第 7 项"公司未成立的后果及责任"。

一是公司未成立的,其法律后果由公司设立时的股东承受;设立时的股东为两人以上的,享有连带债权,承担连带债务。二是设立时的股东因履行公司设立职责造成他人损害的,公司或者无过错的股东承担赔偿责任后,可以向有过错的股东追偿。

三、设定《有限责任公司章程》

公司章程是调整公司内部组织关系和经营行为的自治规则。公司章程对股东、公司、董事、监事和经理等人员具有约束力,是股东维护其合法权益的重要工具,保护公司债权人利益的重要依据。公司章程具有法定性、公示性、自治性的特征。公司章程不仅是公司设立登记的必要文件,也是公司设立之后公司管理和经营的依据。可见,公司章程将伴随公司终生。

（一）设执行董事、监事的《有限责任公司章程》范本

××××有限公司章程

第一章 总则

第一条 为规范公司的组织和行为，维护公司、股东和债权人的合法权益，根据《中华人民共和国公司法》（以下简称《公司法》）及有关法律、法规的规定，结合公司的实际情况，特制定本章程。

第二条 公司由×××、×××（*自然人写姓名，法人股东写名称*）出资设立××××有限公司，实行独立核算、自主经营、自负盈亏。股东以其认缴的出资额为限对公司承担责任，公司以其全部资产对公司的债务承担责任。

第二章 公司名称和住所

第三条 公司名称：××××有限公司

第四条 公司住所：××市×××××××

第三章 公司经营范围

第五条 公司经营范围：×××××××××（以登记机关核定为准）。

第四章 公司注册资本及
股东的姓名或名称，出资方式、出资额、出资时间

第六条 公司注册资本：××万元人民币。

第七条 股东的姓名（或名称）、出资方式、出资额、出资时间如下：

股东一：××××××××（*法人股东填写全称*）

以××方式出资×万元、……，共计出资××万元，合占

注册资本的×%,在××年×月×日前足额缴纳。

股东二:×××(*自然人填写姓名*)

以××方式出资×万元、……,共计出资×万元,合占注册资本的×%,在××年×月×日前足额缴纳。

第五章 公司的机构及其产生办法、职权、议事规则

第八条 股东会由全体股东组成,是公司的权力机构,行使下列职权:

(一)决定公司的经营方针和投资计划;

(二)选举和更换非由职工代表担任的执行董事、监事,决定有关执行董事、监事的报酬事项;

(三)审议批准执行董事的报告;

(四)审议批准监事的报告;

(五)审议批准公司的年度财务预算方案、决算方案;

(六)审议批准公司的利润分配方案和弥补亏损的方案;

(七)对公司增加或者减少注册资本作出决议;

(八)对发行公司债券作出决议;

(九)对公司合并、分立、解散、清算或者变更公司形式作出决议;

(十)修改公司章程;

对前款所列事项股东以书面形式一致表示同意的,可以不召开股东会会议,直接作出决定,并由全体股东在决定文件上签名、盖章。

第九条 股东会的议事方式:股东会以召开股东会会议的方式议事,法人股东由法定代表人参加,自然人股东由本人参加,因事不能参加可以书面委托他人参加。

第十条 股东会会议分为定期会议和临时会议两种：

1. 定期会议

定期会议一年召开 × 次，时间为每年 × 召开。

2. 临时会议

代表十分之一以上表决权的股东，监事提议召开临时会议的，应当召开临时会议。

第十一条 股东会的表决程序。

1. 会议通知

召开股东会会议，应当于会议召开十五日（公司章程也可另行规定时限）以前通知全体股东。

2. 会议主持

股东会会议由执行董事召集并主持；执行董事不能履行或者不履行召集股东会会议职责的，由公司的监事召集和主持；监事不召集和主持的，代表十分之一以上表决权的股东可以自行召集和主持。

3. 会议表决

股东会会议由股东按出资比例行使表决权，股东会每项决议需代表多少表决权的股东通过规定如下：

（1）股东会对公司增加或减少注册资本、分立、合并、解散或变更公司形式作出决议，必须经代表三分之二以上表决权的股东通过。

（2）公司可以修改章程，修改公司章程的决议必须经代表三分之二以上表决权的股东通过。

（3）股东会对公司为公司股东或者实际控制人提供担保作出决议，必须经出席会议的除上述股东或受实际控制人支配的股东以外的其他股东所持表决权的过半数通过。

（4）股东会的其他决议必须经代表××以上（该比例一般为"二分之一"以上）表决权的股东通过。

4. 会议记录

召开股东会会议，应详细作好会议记录，出席会议的股东应当在会议记录上签名。

第十二条 股东会的首次会议由出资最多的股东召集和主持。

第十三条 公司不设董事会，设执行董事一人，由公司股东会选举产生。执行董事任期三年，任期届满，可连选连任。

第十四条 执行董事行使下列职权：

（一）负责召集股东会，并向股东会议报告工作；

（二）执行股东会的决议；

（三）决定公司的经营计划和投资方案；

（四）制订公司的年度财务预算方案、决算方案；

（五）制订公司的利润分配方案和弥补亏损方案；

（六）制订公司增加或者减少注册资本以及发行公司债券的方案；

（七）制订公司合并、分立、变更公司形式、解散的方案；

（八）决定公司内部管理机构的设置；

（九）决定聘任或者解聘公司经理其报酬事项；

（十）制定公司的基本管理制度；

第十五条 公司设经理，由执行董事决定聘任或者解聘。经理对执行董事负责，行使下列职权：

（一）主持公司的生产经营管理工作，组织实施股东会决议；

（二）组织实施公司年度经营计划和投资方案；

（三）拟订公司内部管理机构设置方案；

（四）拟订公司的基本管理制度；

（五）制定公司的具体规章；

（六）提请聘任或者解聘公司副经理、财务负责人；

（七）决定聘任或者解聘除应由执行董事决定聘任或者解聘以外的负责管理人员；

第十六条 公司设监事一人，由股东会选举产生，监事的任期每届为三年，任期届满，可连选连任。

第十七条 监事行使下列职权：

（一）检查公司财务；

（二）对执行董事、高级管理人员执行公司职务的行为进行监督，对违反法律、行政法规、公司章程或者股东会决议的执行董事、高级管理人员提出罢免的建议；

（三）当执行董事、高级管理人员的行为损害公司的利益时，要求执行董事、高级管理人员予以纠正；

（四）提议召开临时股东会会议，在执行董事不履行《公司法》规定的召集和主持股东会会议职责时召集和主持股东会会议；

（五）向股东会会议提出提案；

（六）依照《公司法》第151条的规定，对执行董事、高级管理人员提起诉讼。

监事可以列席股东会会议。

第十八条 执行董事、高级管理人员不得兼任监事。

第六章　公司的法定代表人

第十九条 执行董事（*或经理*）为公司的法定代表人。

第七章　股东会会议认为需要规定的其他事项

第二十条　股东之间可以相互转让其全部或部分股权。

第二十一条　股东向股东以外的人转让股权,应当经其他股东过半数同意。股东应就其股权转让事项书面通知其他股东征求同意,其他股东自接到书面通知之日起满30日未答复的,视为同意转让。其他股东半数以上不同意转让的,不同意的股东应当购买该转让的股权;不购买的,视为同意转让。

经股东同意转让的股权,在同等条件下,其他股东有优先购买权。两个以上股东主张行使优先购买权的,协商确定各自的购买比例;协商不成的,按照转让时各自的出资比例行使优先购买权。

公司股权转让的其他事项按《公司法》第72条至第75条规定执行。

第二十二条　公司坚决遵守国家法律、法规及本章程规定,维护国家利益和社会公共利益,接受政府有关部门监督。

第二十三条　公司的营业期限××年。

第二十四条　有下列情形之一的,公司清算组应当自清算结束之日起30日内向原公司登记机关申请注销登记:

(一)公司被依法宣告破产;

(二)公司章程规定的营业期限届满或者公司章程规定的其他解散事由出现,但公司通过修改公司章程而存续的除外。

(三)股东会决议解散;

(四)依法被吊销营业执照、责令关闭或者被撤销;

(五)人民法院依法予以解散;

(六)法律、行政法规规定的其他解散情形。

第八章　附则

第二十五条　公司登记事项以公司登记机关核定的为准。本公司章程对公司、股东、董事、监事、高级管理人员均具有约束力。

第二十六条　本章程由全体股东共同订立。

第二十七条　本章程一式×份,并报公司登记机关一份。

股东签字(盖章):

(<u>自然人股东签字、非自然人股东盖章</u>)

××年×月×日

（二）设董事会、监事会的《有限责任公司章程》范本

××××有限公司章程

第一章 总则

第一条 为规范公司的组织和行为，维护公司、股东和债权人的合法权益，根据《中华人民共和国公司法》（以下简称《公司法》）及有关法律、法规的规定，结合公司的实际情况，特制定本章程。

第二条 公司由×××、×××（<u>自然人写姓名，法人股东写名称</u>）出资设立××××有限公司，实行独立核算、自主经营、自负盈亏。股东以其认缴的出资额为限对公司承担责任，公司以其全部资产对公司的债务承担责任。

第二章 公司名称和住所

第三条 公司名称：××××有限公司

第四条 公司住所：××市×××××××

第三章 公司经营范围

第五条 公司经营范围：××××××××××××（以登记机关核定为准）。

第四章 公司注册资本及
股东的姓名或名称，出资方式、出资额、出资时间

第六条 公司注册资本：××万人民币。

第七条 股东的姓名或名称、出资方式、出资额、出资时间如下：

股东一：×××××××××（<u>法人股东填写全称</u>）

以××方式出资×万元、……，共计出资××万元，合占注册资本的×%，在××年×月×日前足额缴纳。

股东二：×××（自然人股东填写姓名）

以××方式出资×万元、……，共计出资×万元，合占注册资本的×%，在××年×月×日前足额缴纳。

第五章 公司的机构及其产生办法、职权、议事规则

第八条 股东会由全体股东组成，是公司的权力机构，行使下列职权：

（一）决定公司的经营方针和投资计划；

（二）选举和更换非由职工代表担任的董事、监事，决定有关董事、监事的报酬事项；

（三）审议批准董事会的报告；

（四）审议批准监事会的报告；

（五）审议批准公司的年度财务预算方案、决算方案；

（六）审议批准公司的利润分配方案和弥补亏损的方案；

（七）对公司增加或者减少注册资本作出决议；

（八）对发行公司债券作出决议；

（九）对公司合并、分立、解散、清算或者变更公司形式作出决议；

（十）修改公司章程。

对前款所列事项股东以书面形式一致表示同意的，可以不召开股东会会议，直接作出决定，并由全体股东在决定文件上签名、盖章。

第九条 股东会的议事方式：

股东会以召开股东会会议的方式议事，法人股东由法定代表人参加，自然人股东由本人参加，因事不能参加可以书面委托他人参加。

第十条 股东会会议分为定期会议和临时会议两种：

1. 定期会议

定期会议一年召开 × 次,时间为每年 × 召开。

2. 临时会议

代表十分之一以上表决权的股东,三分之一以上的董事,监事会提议召开临时会议的,应当召开临时会议。

第十一条 股东会的表决程序。

1. 会议通知

召开股东会会议,应当于会议召开 15 日(<u>公司章程也可另行规定时限</u>)以前通知全体股东。

2. 会议主持

股东会会议由董事会召集,董事长主持,董事长不能履行职务或者不履行职务的,由副董事长主持,副董事长不能履行职务或者不履行职务的(*如不设副董事长,则删除相关内容*),由半数以上董事共同推举一名董事主持。董事会不能履行或者不履行召集股东会会议职责的,由监事会召集和主持,监事会不召集和主持的,代表十分之一以上表决权的股东可以召集和主持。

3. 会议表决

股东会会议由股东按出资比例行使表决权,股东会每项决议需代表多少表决权的股东通过规定如下：

(1) 股东会对公司增加或减少注册资本、分立、合并、解散或变更公司形式作出决议,必须经代表三分之二以上表决权的股东通过。

(2) 公司可以修改章程,修改公司章程的决议必须经代表三分之二以上表决权的股东通过。

（3）股东会对公司为公司股东或者实际控制人提供担保作出决议，必须经出席会议的除上述股东或受实际控制人支配的股东以外的其他股东所持表决权的过半数通过。

（4）股东会的其他决议必须经代表××以上（*该比例一般为"二分之一"以上*）表决权的股东通过。

4.会议记录

召开股东会会议，应详细作好会议记录，出席会议的股东应当在会议记录上签名。

第十二条　股东会的首次会议由出资最多的股东召集和主持。

第十三条　公司设董事会，成员为×人（*3—13人*），由公司股东会选举产生。

设董事长一人，副董事长×人（*如不设副董事长的，则删除相关内容*），由公司董事会选举产生，任期三年，任期届满，可连选连任。

第十四条　董事会行使下列职权：

（一）负责召集股东会，并向股东会议报告工作；

（二）执行股东会的决议；

（三）决定公司的经营计划和投资方案；

（四）制订公司的年度财务预算方案、决算方案；

（五）制订公司的利润分配方案和弥补亏损方案；

（六）制订公司增加或者减少注册资本以及发行公司债券的方案；

（七）制订公司合并、分立、变更公司形式、解散的方案；

（八）决定公司内部管理机构的设置；

（九）决定聘任或解聘公司总经理及其报酬事项，并根据总经理的提名决定聘任或者解聘公司副总经理、财务负责人及其报酬事项；

（十）制定公司的基本管理制度。

第十五条 董事会的议事方式：

董事会以召开董事会会议的方式议事，董事因事不能参加，可以书面委托他人参加。非董事经理、监事列席董事会会议，但无表决资格。

第十六条 董事会会议分为定期会议和临时会议两种：

1. 定期会议

定期会议一年召开 × 次，时间为每年 × 召开。

2. 临时会议

三分之一以上的董事可以提议召开临时会议。

第十七条 董事会的表决程序。

1. 会议通知

召开董事会会议，应当于会议召开 × 日以前通知全体董事。

2. 会议主持

董事会会议由董事长召集和主持，董事长不能履行职务或者不履行职务的，由副董事长召集和主持，副董事长不能履行职务或者不履行职务的（<u>如不设副董事长的，则删除相关内容</u>），由半数以上董事共同推举一名董事召集和主持。

3. 会议表决

董事按一人一票行使表决权，董事会每项决议均需经半数以上的董事通过。

4. 会议记录

召开董事会会议，应详细作好会议记录，出席会议的董事应当在会议记录上签字。

第十八条 公司设经理,由董事会决定聘任或者解聘。总经理对董事会负责,行使下列职权:

(一)主持公司的生产经营管理工作,组织实施董事会决议;

(二)组织实施公司年度经营计划和投资方案;

(三)拟订公司内部管理机构设置方案;

(四)拟订公司的基本管理制度;

(五)制定公司的具体规章;

(六)提请聘任或者解聘公司副经理、财务负责人;

(七)决定聘任或者解聘除应由董事决定聘任或者解聘以外的负责管理人员;

(八)董事会授予的其他职权。

经理列席董事会会议。

第十九条 公司设监事会,其成员为×人(3人以上),其中:非职工代表×人,由股东会选举产生;职工代表×人(不低于监事会人数三分之一),由公司职工代表大会民主选举产生。

第二十条 监事会设主席一名,由全体监事过半数选举产生。

第二十一条 监事任期每届三年,监事任期届满,可以连选连任。监事任期届满未及时改选,或者监事在任期内辞职导致监事会成员低于法定人数的,在改选出的监事就任前,原监事仍应当依照法律、行政法规和公司章程的规定,履行监事职务。

董事、高级管理人员不得兼任监事。

第二十二条 监事会对股东会负责,依法行使下列职权:

(一)检查公司财务;

（二）对董事、高级管理人员执行公司职务的行为进行监督，对违反法律、行政法规、公司章程或者股东会决议的董事、高级管理人员提出罢免的建议；

（三）当董事、高级管理人员的行为损害公司的利益时，要求董事、高级管理人员予以纠正；

（四）提议召开临时股东会会议，在董事会不履行《公司法》规定的召集和主持股东会会议职责时召集和主持股东会会议；

（五）向股东会会议提出提案；

（六）依照《公司法》第151条的规定，对董事、高级管理人员提起诉讼。

监事可以列席董事会会议，并对董事会决议事项提出质询或者建议。监事会发现公司经营情况异常，可以进行调查；必要时，可以聘请会计师事务所等协助其工作，费用由公司承担。

第二十三条　监事会的议事方式。

监事会以召开监事会会议的方式议事，监事因事不能参加，可以书面委托他人参加。

监事会会议分为定期会议和临时会议两种：

1. 定期会议

定期会议一年召开 × 次，时间为每年 × 召开。

2. 临时会议

监事可以提议召开临时会议。

第二十四条　监事会的表决程序。

1. 会议通知

召开监事会会议，应当于召开 × 日以前通知全体监事。

2. 会议主持

监事会会议由监事会主席召集和主持，监事会主席不履行或者不能履行职务时，由半数以上监事共同推举一名监事召集和主持。

3. 会议表决

监事按一人一票行使表决权，监事会每项决议均需半数以上的监事通过。

4. 会议记录

召开监事会会议，应详细作好会议记录，出席会议的监事应当在会议记录上签字。

第六章　公司的法定代表人

第二十五条　董事长(*或经理*)为公司的法定代表人，任期三年。

第七章　股东会议认为需要规定的其他事项

第二十六条　股东之间可以相互转让其全部或部分股权。

第二十七条　股东向股东以外的人转让股权，应当经其他股东过半数同意。股东应就其股权转让事项书面通知其他股东征求同意，其他股东自接到书面通知之日起满30日未答复的，视为同意转让。其他股东半数以上不同意转让的，不同意的股东应当购买该转让的股权；不购买的，视为同意转让。

经股东同意转让的股权，在同等条件下，其他股东有优先购买权。两个以上股东主张行使优先购买权的，协商确定各自的购买比例；协商不成的，按照转让时各自的出资比例行使优先购买权。

公司股权转让的其他事项按《公司法》第72条至第75条规定执行。

第二十八条　公司坚决遵守国家法律、法规及本章程规定，维护国家利益和社会公共利益,接受政府有关部门监督。

第二十九条 公司的营业期限××年,自公司成立之日起计算。

第三十条 有下列情形之一的,公司清算组应当自公司清算结束之日起30日内向原公司登记机关申请注销登记:

(一)公司被依法宣告破产;

(二)公司章程规定的营业期限届满或者公司章程规定的其他解散事由出现,但公司通过修改公司章程而存续的除外;

(三)股东会决议解散;

(四)依法被吊销营业执照、责令关闭或者被撤销;

(五)人民法院依法予以解散;

(六)法律、行政法规规定的其他解散情形。

第八章 附则

第三十一条 公司登记事项以公司登记机关核定的为准。本公司章程对公司、股东、董事、监事、高级管理人员均具有约束力。

第三十二条 本章程由全体股东共同订立。

第三十三条 本章程一式×份,并报公司登记机关一份。

股东签字(盖章):

(自然人股东签字、非自然人股东盖章)

××年×月×日

(来源:宁波国家高新区行政服务大厅)

(三)公司章程制定要注意的问题

1.公司章程的内容要合法,格式要规范。国家市场监管总局要求各省(区、市)制作公司章程参考文本供申请人选择,具有规范公司章程的意义,公司制定章程应该以登记部门提供的章程范本为依据。

2.公司章程要结合公司实际,有利于公司治理和经营管理,把本公司需要规定的事项记载到公司章程中。如在公司章程中规定:股东未按期足额缴纳出资的违约责任、股东会会议通知的时间、分红权与表决权等。再如在我国大力提倡"企业合规"的新时期,将企业高层对内对外宣布企业合规的承诺列入公司章程,公开表态企业董事和高管都自觉遵守合规制度,支持合规制度的实施,反对那些相关违反法律法规的行为。作为企业的纲领性文件的公司章程,设立"高层合规承诺"条款,对企业治理具有现实意义。

3.章程不能记载极不利于公司治理和经营管理的条款。如有些章程条款,导致公司不能作出决策、不能进行正常管理,这类章程条款被称为"僵局条款"。

本章小结

- 随着行政审批制度的改革,市场主体的设立登记越来越便利。

- 市场主体的设立登记,委托中介机构代理,省时省力。

- 创业者要精心选取企业"字号",因为"字号"不单单与企业同在,更是企业的宝贵财富。

- 创业者要认真考虑并签订《设立(出资)协议》,这是市场主体设立的基础,也是投资人退出的依据。

- 创业者要谨慎协商并签订《企业章程》,这是市场主体设立必需的文件,也是市场主体治理的依据。

- 《企业章程》的规定要合法、简单易行、保护市场主体利益共同体的权益。

第三章

企业治理法律事务

如何根据企业实际组建治理结构?

怎样处理好大股东与小股东的关系?

怎样处理好股东与企业管理层的关系?

这些问题都是企业必须面对的问题,能否妥善处理,对企业发展影响极大。本章以有限责任公司(文中简称公司)为例介绍公司治理目标、治理难点、基本原则、基础工作、治理结构、治理制度和《公司法》修订新动态等内容,期望对企业经营者有所帮助。

第一节
概　述

一、公司治理目标

公司治理,是建构在公司股东会科学地对董事会(经理人)授权、结合公司监事会对其进行监管、董事会(经理人)在获得授权的情形下,实现经营目标而采取经营手段的管理行为。

公司治理的目标,不仅仅是对股东会、董事会、监事会及管理层所构成的公司内部,保护股东利益最大化,更通过《公司法》等法律规范公司的组织和行为,保护公司、股东和债权人的合法权益,维护社会经济秩序,促进社会主义市场经济的发展。可见,公司不仅仅是股东的公司,更是利益共同体。通过以公司管理结构为决策的内部管理与外部机制相互结合,可保证公司决策的合法性、可行性、科学性,从而保证公司各方面的利益相关者的利益最大化。

二、公司治理难点

（一）公司股东固守不合理的制度设计

如某公司股权结构为两个股东各占50%的股权,若遇到需要表决权过半数投票通过才能形成股东会决议的事项,股东意见不一时则始终无法作出股东会决议。

又如某公司股权结构为两个股东分别占85%和15%的股权,小股东认为自己股权占比小且不参与公司日常经营管理,担心大股东损害自己的利益,要求在公司章程中规定小股东享有"一票否决权",由于该"一票否决权"没有明确行使否决权的范围和具体事项,导致公司治理极其困难,股东纠纷难以解决。

再如某公司章程约定,所有决议需全体股东一致同意。但凡有一个股东行使了否决权,决议就无法通过。

上述案例都因公司章程中的"僵局条款"给公司治理埋下隐患,尤其要引以为戒。

(二)对高度分散型股权结构的公司,如何处理所有权人与经营权人的利益平衡问题

这类公司特别有利于高新技术产业和高风险投资产业筹集资金,但是弊端在于公司管理层基本掌握了公司的控制权。股东作为所有权人与管理层作为经营权人之间的权力如何制衡、利益如何平衡是这类公司治理的难点。这类公司治理的侧重点是使管理层按照股东(包括公司利益共同体)的利益最大化履行职务,也要有让管理层共享公司发展成果的机制。

(三)对高度集中型股权结构的公司,如何处理好所有权人(股东)自身的利益平衡问题

这类公司控股股东拥有有效监管管理者的权力与动力。如何防范大股东可能利用其优势地位,为谋自身利益而损害其他股东、债权人利益是这类公司的治理难点。

三、公司治理基本原则

（一）依法治理原则

《公司法》作为公司治理基础性法律，从国家层面来平衡强者和弱者之间的关系，保证公司利益共同体的利益。

（二）股东是公司治理制度设计和运作核心的原则

（三）公司利益共同体共建、共治、共享的原则

四、公司治理的基础工作

（一）设计好公司章程

（详见第二章第二节）

（二）设计好股权结构

股权结构决定公司治理的方向以及治理目标，要根据公司创业阶段、经营方向、股东需求等实际情况，精心设计股权结构，避免出现"僵局条款"。

1. 有限责任公司控制权情形

（1）股东会会议提议权、召集权。股东代表十分之一以上表决权原则；提议召开股东临时会议；在董事会、监事会不履行召集股东会会议职责的，可以自行召集和主持股东会会议。

（2）一票否决权。股东单独或联合持有公司三分之一以上股权，即可行使对修改公司章程、增加或者减少注册资本的决议，以及公司合并、分立、解散或者变更公司形式等重大事项否决权。《公司法》第43条规定该事项必须经代表三分之二以上表决权的股东通过，才能形成股东会决议。

（3）相对控制权。持有二分之一以上的股权,即可对公司一般事项进行控制。

（4）绝对控制权。持有三分之二以上的股权,即可对公司享有全面控制权。

2.公司控制权问题

（1）表决权与分红权分离。比如人力资源、科技型公司,为吸引人才,在每个股权设计时,出资方表决权可以低一些（低于出资比例）,技术方表决权高一些（高于出资比例）。

（2）公司创设时预留股权,作为股权激励、融资使用。这些预留股权一般先由公司大股东代持。

（3）投票权委托设计,小股东将自己的投票权委托给其他股东。

（4）持股平台的设计,由创始股东作为普通合伙人（承担企业无限责任）与有限合伙人（承担企业有限责任,有分红权,没有表决权）的有限合伙企业,普通合伙人把股权激励对象的员工作为有限合伙人,享受企业未来成长的红利,达到普通合伙人对股权激励对象"分钱不分权"的目的。

（5）对某些重大事项设计一票否决权。

（三）制定公司机构议事规则和工作制度

有《股东会议事规则》《董事会议事规则》《监事会议事规则》《经理工作制度》《财务工作制度》等。

（四）做好公司治理业务培训

培训对象为董事、监事、经理、法务、财会人员、高级管理人员。培训内容有《公司法》及其他与公司业务密切相关的法律、行政法规和政策,公司章程、议事规则与工作制度操作指导,以便明确各自的权利义务、工作职责，更好履行工作职责。

（五）把企业合规融入企业治理

企业合规是为了防范、发现和应对合规风险而建立的一套完整的内部控制机制，属于现代企业治理结构的重要组成部分。

第二节
公司组织机构与公司治理

一、公司治理结构

我国《公司法》规定有限责任公司组织机构为股东会、董事会和监事会，加上经理，就是通常所说的"三会一层"，这就是公司治理的组织机构。股东会是公司"权力机构"，董事会是公司"执行机构"，监事会是公司"监督机构"。股东会选举董事会和监事会；董事会聘任经理（高级职员）；监事会监督董事会、经理；经理对董事会负责，董事会对股东会负责。

二、股东会制度与公司治理

（一）股东会职权

1. 决定公司的经营方针和投资计划；2. 选举和更换董事、监事，决定有关董事、监事的报酬事项；3. 审议批准董事会的报告；4. 审议批准监事会的报告；5. 审议批准公司的年度财务预算方案、决算方案；6. 审议批准公司的利润分配方案和弥补亏损方案；7.对公司增加或者减少注册资本作出决议；8.对发行公司债券作出决议；9.对公司合并、分立、解散、清算或者变更公司形式作出决议；10.修改公司章程；11.公司章程规定的其他职权。

（二）股东会会议的召开

遵守公司章程关于召开股东会会议、股东会会议的召集、股东会会议的通知的规定。

1.股东会会议分为定期会议和临时会议。定期会议按照公司章程的规定召开。临时会议由代表十分之一以上表决权的股东、三分之一以上的董事或者监事会提议召开。

2.股东会会议的召集。股东会会议由董事会召集，董事长主持；如果董事长不能履职，由副董事长主持；如副董事长不能履职，由半数以上董事推举一名董事主持。

代表十分之一以上表决权的股东，在董事会、监事会不履行召集股东会会议职责的，可以自行召集和主持股东会会议。

3.股东会会议的通知。《公司法》规定召开股东会会议应当于会议召开15天前通知全体股东；但是公司章程另有规定或者全体股东另有约定，可以按照规定或者约定通知。

会议通知，要明确以下内容：会议时间、地点、参加对象、会议议题、投票委托授权书送达时间地点、会务联系人姓名及联系电话等。

（三）股东会会议的表决制度

表决权与股东享有资产收益权、参与重大决策和选择管理者等构成股东重要权利。

1. 表决权的计算依据。《公司法》规定,股东会会议由股东按照出资比例行使表决权。但是,章程另有规定的从其规定。

2.《公司法》对形成股东会决议的表决权的下限的规定,属于强制性规定,公司章程规定、股东协议约定不得突破。如《公司法》有关"过半数""三分之二以上"通过等规定。

3. 限制性表决权。为了保护小股东的合法权益,《公司法》规定了限制性表决权,明确被公司提供担保的股东不得参加公司该担保事项的表决。

(四)股东会决议

1. 股东会决议要符合法律、行政法规的规定。

2. 股东会决议内容严重违反公司章程的救济性规定,即未被通知参加股东会、董事会会议的股东、董事自知道或者应当知道会议决议作出之日起60日内,可以请求人民法院撤销。

3. 电子方式作出决议具有法律效力。

三、董事会制度与公司治理

(一)董事会制度设计

鉴于规模较小的公司,作为公司所有权人的股东同时也是公司经营权人,在公司章程中规定,只设一名董事或者经理,行使公司章程规定的职权,由公司股东会任免经理。

(二)董事会、董事(经理)的职权

董事会是公司的执行机构,行使《公司法》和公司章程规定属于股东会之外的职权。

四、监事会制度与公司治理

（一）监事会的职能

监事由股东会选举产生，公司设监事会的，监事会是公司的监督机构；规模较小的公司，可只设一至二名监事。

（二）监事会的职权

1. 检查公司财务；2. 对董事、高级管理人员执行职务的行为进行监督，对违反法律、行政法规、公司章程或者股东会决议的董事、高级管理人员提出罢免建议；3. 当董事、高级管理人员的行为损害公司利益时，要求董事、高级管理人员予以纠正；4. 提议召开临时股东会会议，在董事会不履行本法规定的召集和主持股东会会议职责时召集和主持股东会会议；5. 向股东会会议提出提案；6. 依照《公司法》第151条的规定，对董事、高级管理人员提起诉讼；7. 公司章程规定的其他职权。

《公司法》还规定监事可以列席董事会会议，对会议决议有质询、建议权；对公司经营情况调查权；要求董事、高级管理人员提交执行职务的报告的权利。

（三）公司设监事会的工作制度

1. 监事会会议每年至少一次，可以提议召开临时监事会会议。
2. 监事会的议事方式和表决程序除《公司法》规定之外，由公司章程规定。
3. 监事会决议应当经全体监事的过半数通过。

五、公司经理的职权

1. 主持公司的生产经营管理工作，组织实施董事会决议；2. 组织实施公司年度经营计划和投资方案；3. 拟订公司内部管理机构设置方案；4. 拟订公司的基本管理制度；5. 制定公司的具体规章；6. 提请聘任或者解聘公司副经理、财务负责人；7. 决定聘任或者解聘除应由董事会决定聘任或者解聘以外的负责管理人员；8. 公司董事会、公司章程规定的其他职权。

六、公司章程是公司治理的纲领性文件

（详见第二章第二节）

第三节
《中华人民共和国公司法》修订新动态

2021年12月24日，全国人大发布了《公司法（修订草案）》及说明，此法与原《公司法》相比，有一些新规定，对创业者选择市场主体，尤其是选择设立公司是一个非常重要的参考，现将有关内容介绍如下。

一、公司设立、退出的规定

1.《公司法（修订草案）》，新设公司登记一章，明确公司设立、

变更登记、注销登记的事项和程序；同时要求公司登记机关优化登记流程,提高登记效率和便利水平。

2. 充分利用信息化建设成果,明确电子营业执照、通过统一的企业信息公示系统发布公告、采用电子通信方式作出决议的法律效力。

3. 扩大可用作出资的财产范围,明确股权、债权可以作价出资。

4. 一人有限公司设立条件放宽,允许设立一人股份有限公司。

5. 完善公司清算制度,强化清算义务人和清算组成员的义务和责任；增加规定,经全体股东对债务履行作出承诺,可以通过简易程序注销登记。

二、优化公司组织机构的规定

1. 明确公司董事会是公司执行机构。

2. 进一步简化公司组织机构设置,对于规模较小的公司,可以不设董事会,有限责任公司设一名董事或者经理；规模较小的公司,还可以不设监事会,设一至二名监事。

三、完善公司资本制度的规定

1. 增加股东欠缴出资的失权制度,规定：股东未按期足额缴纳出资,公司催缴后在规定期限内仍未缴纳出资的,该股东丧失其未缴纳出资的股权。

2. 增加有限责任公司股东认缴出资的加速到期制度,规定公司不能清偿到期债务,且明显缺乏清偿能力的,公司或者债权人有权要求已认缴出资但未届缴资期限的股东提前缴纳出资。

3. 明确瑕疵股权转让时转让方、受让方的出资责任,规定股东转让已认缴出资但未届缴资期限的股权的,由受让人承担缴纳该出资的义务。规定股东未按期足额出资或者作为出资的非货币财产的实际价款显著低于所认缴的出资额即转让股权的,受让人知道或者应当知道存在上述情形的,在出资不足的范围内与该股东承担连带责任。

四、强化控股股东和经营管理人员的责任

1. 完善董事、监事、高级管理人员忠实义务和勤勉义务的具体内容。

2. 强化董事、监事、高级管理人员维护公司资本充实的责任,包括:股东欠缴出资和抽逃出资,违反《公司法》规定分配利润和减少注册资本,以及违反《公司法》规定为他人取得本公司股份提供财务资助时,上述人员的赔偿责任。

3. 增加规定:董事、高级管理人员执行职务,因故意或者重大过失,给他人造成损害的,应当与公司承担连带责任。

4. 明确:公司的控股股东、实际控制人利用对公司的影响,指使董事、高级管理人员损害公司利益或者股东利益的行为,给公司或者股东造成损失的,与该董事、高级管理人员承担连带责任。

五、加强公司社会责任的规定

增加规定:充分考虑公司职工、消费者等利益相关者的利益以及生态环境保护等社会公共利益,承担社会责任;国家鼓励公司参与社会公益活动,公布社会责任报告。

本章小结

- 公司治理结构一般为四大块:权力机构、决策机构、执行机构和监督机构,即公司股东(大)会、董事会、经营管理机构和监事会。小微企业可以根据自身实际,只设董事、经理和监事,不设董事会和监事会。

- 公司治理核心问题:规范治理结构,合理分配权利和义务,保证公司高效运转,保证董事、管理层忠诚职责,维护公司利益。

- 建立薪酬与公司绩效、个人业绩相联系的机制,吸引人才,保持高级管理人员和核心员工的稳定。

- 建立企业合规治理专项制度,保证企业治理规范化,防控企业治理风险。

第四章
企业合同法律事务

　　企业所有部门和环节都涉及合同，如人力资源、资金活动、采购业务、资产管理、销售业务、研究开发、工程项目、担保业务、融资投资等。

　　合同法是市场经济的基本法律，与公司、企业的经营和公民的生活密切相关。

　　本章通过介绍合同法条和合同的基本条款，列举合同的示范文本，强调合同签订、履行过程中的注意点，加强企业经营者的合同法律意识和合同管理意识。

第一节
概 述

一、合同法律制度

《〈中华人民共和国民法典〉合同编》(2021年1月1日施行)

《最高人民法院〈关于审理建设工程施工合同纠纷案件适用法律问题的解释(一)〉》(2021年1月1日发布)

《最高人民法院关于适用〈中华人民共和国民法典〉有关担保制度的解释》(2021年1月1日发布)

二、合同的含义和合同的形式

(一)合同的含义

合同是民事主体之间设立、变更、终止民事法律关系的协议。

(二)合同的形式

当事人订立合同,可以采用书面形式、口头形式或者其他形式。书面形式有利于交易的安全,重要的合同应该采用书面形式。

书面形式是合同书、信件、电报、电传、传真等可以有形地表现所载内容的形式。以电子数据交换、电子邮件等方式能够有形地表现所载内容,并可以随时调取查用的数据电文,视为书面形式。

三、合同主要条款

合同的内容由当事人约定,一般包括下列条款:

1. 当事人(个人或单位)的基本信息。

2. 标的。

(标的是合同交易的对象,合同中的标的包括财产和行为。如房屋买卖合同中的标的是房屋财产;服务合同中,合同一方当事人向另一方提供的服务行为就是合同标的。)

3. 数量。

4. 质量。

5. 价款或者报酬。

6. 履行期限、地点和方式。

7. 违约责任。

8. 解决争议的方法。

四、合同成立的时间

(一)书面合同成立的时间,自当事人均签名、盖章或者按指印时合同成立

在未签名、盖章或者按指印之前,或者未采用书面合同形式,当事人一方就履行主要义务,对方接受时,该合同成立。

(二)签订确认书的合同成立时间

当事人采用信件、数据电文等形式订立合同要求签订确认书的,签订确认书时合同成立。

（三）电子合同成立时间

当事人一方通过互联网等信息网络发布的商品或者服务信息符合要约条件的，对方选择该商品或者服务并提交订单成功时合同成立，但是当事人另有约定的除外。

五、合同存在质量、价款、履行地点约定不明情形的处理

当事人可以协议补充，仍不能确定的，适用《民法典》第511条的规定处理：

1. 质量要求不明确的，按照强制性国家标准履行；没有强制性国家标准的，按照推荐性国家标准履行；没有推荐性国家标准的，按照行业标准履行；没有国家标准、行业标准的，按照通常标准或者符合合同目的的特定标准履行。

2. 价款或者报酬不明确的，按照订立合同时履行地的市场价格履行；依法应当执行政府定价或者政府指导价的，依照规定履行。

3. 履行地点不明确，给付货币的，在接受货币一方所在地履行；交付不动产的，在不动产所在地履行；其他标的，在履行义务一方所在地履行。

4. 履行期限不明确的，债务人可以随时履行，债权人也可以随时请求履行，但是应当给对方必要的准备时间。

5. 履行方式不明确的，按照有利于实现合同目的的方式履行。

6. 履行费用的负担不明确的，由履行义务一方负担；因债权人原因增加的履行费用，由债权人负担。

六、合同的解除权

（一）合同的约定解除

1. 当事人协商一致，可以解除合同。

2. 在合同中约定单方面解除合同的事由，解除合同的事由发生时，解除权人可以解除合同。

（二）合同的法定解除

有下列情形之一的，当事人可以解除合同：

1. 因不可抗力致使不能实现合同目的。

2. 在履行期限届满前，当事人一方明确表示或者以自己的行为表明不履行主要债务。

3. 当事人一方迟延履行主要债务，经催告后在合理期限内仍未履行。

4. 当事人一方迟延履行债务或者有其他违约行为致使不能实现合同目的。

5. 法律规定的其他情形。

（三）合同解除权期限

根据《民法典》第563、564条规定，以持续履行的债务为内容的不定期合同，当事人可以随时解除合同，但是应当在合理期限之前通知对方；法律规定或者当事人约定解除权行使期限，期限届满当事人不行使的，该权利消灭；法律没有规定或者当事人没有约定解除权行使期限，自解除权人知道或者应当知道解除事由之日起一年内不行使，或者经对方催告后在合理期限内不行使的，该权利消灭。

七、撤销合同的条件

企业请求人民法院或者仲裁机构撤销与他人订立的合同,要具备下列条件之一:

1. 该合同是基于重大误解订立的。

2. 该合同是一方以欺诈手段,使对方在违背真实意思的情况下订立的。

3. 第三人实施欺诈行为使一方在违背真实意思的情况下订立的。

4. 一方或者第三人以胁迫手段,使对方在违背真实意思的情况下订立的。

5. 一方利用对方处于危困状态、缺乏判断能力等情形,致使该合同成立显失公平的。

八、行使合同撤销权的时限

《民法典》第152条规定,有下列情形之一的,撤销权消灭:

1. 当事人自知道或者应当知道撤销事由之日起一年内、重大误解的当事人自知道或者应当知道撤销事由之日起九十日内没有行使撤销权。

2. 当事人受胁迫,自胁迫行为终止之日起一年内没有行使撤销权。

3. 当事人知道撤销事由后明确表示或者以自己的行为表明放弃撤销权。当事人自民事法律行为发生之日起五年内没有行使撤销权的,撤销权消灭。

九、违约责任

（一）一方违约的责任承担

当事人一方不履行合同义务或者履行合同义务不符合约定的，应当承担下列违约责任：继续履行合同、采取补救措施或者赔偿损失等。

（二）双方违约的责任承担

当事人都违反合同的，应当各自承担相应的责任。

（三）一方违约，对方有过错的责任承担

当事人一方违约造成对方损失，对方对损失的发生有过错的，可以减少相应的损失赔偿额。

（四）法定的违约赔偿损失

当事人一方不履行合同义务或者履行合同义务不符合约定，造成对方损失的，损失赔偿额应当相当于因违约所造成的损失，包括合同履行后可以获得的利益；但是，不得超过违约一方订立合同时预见到或者应当预见到的因违约可能造成的损失。

第二节
《中华人民共和国民法典》关于典型合同的规定

在《民法典》实施之前，我国合同法在分则部分列举了15大

类合同,通常称为"有名合同"。《民法典》第二编列举了19大类合同,称为"典型合同":

1. 买卖合同(《民法典》合同编第九章)

2. 供用电、水、气、热力合同(《民法典》合同编第十章)

3. 赠与合同(《民法典》合同编第十一章)

4. 借款合同(《民法典》合同编第十二章)

5. 保证合同(《民法典》合同编第十三章)

6. 租赁合同(《民法典》合同编第十四章)

7. 融资租赁合同(《民法典》合同编第十五章)

8. 保理合同(《民法典》合同编第十六章)

9. 承揽合同(《民法典》合同编第十七章)

10. 建设工程合同(《民法典》合同编第十八章)

11. 运输合同:客运合同、货运合同、多式联运合同(《民法典》合同编第十九章)

12. 技术合同:技术开发合同、技术转让合同和技术许可合同、技术咨询合同和技术服务合同(《民法典》合同编第二十章)

13. 保管合同(《民法典》合同编第二十一章)

14. 仓储合同(《民法典》合同编第二十二章)

15. 委托合同(《民法典》合同编第二十三章)

16. 物业服务合同(《民法典》合同编第二十四章)

17. 行纪合同(《民法典》合同编第二十五章)

18. 中介合同(《民法典》合同编第二十六章)

19. 合伙合同(《民法典》合同编第二十八章)

第三节
部分合同的法律规定与文本介绍

一、买卖合同

(一)买卖合同的相关法律规定

1. 买卖合同的概念

买卖合同是卖方转移标的物的所有权于买方,买方支付价款给卖方的合同。

(买卖合同中标的物是指买卖合同中所指向的物品或行为。)

2. 买卖合同的内容

买卖合同的内容一般包括标的物的名称、数量、质量、价款、履行期限、履行地点和方式、包装方式、检验标准和方法、结算方式、合同使用的文字及其效力等条款。

3. 买卖合同当事人的义务

卖方义务:(1)卖方应当履行向买方交付标的物或者交付提取标的物的单证,并转移标的物所有权的义务;(2)卖方应当按照约定或者交易习惯向买方交付提取标的物的单证以外的有关单证和资料;(3)卖方应当按照约定的时间交付标的物;(4)卖方应当按照约定的地点交付标的物;(5)卖方应当按照约定的质量要求交付标的物。

买方义务:(1)买方按照约定接收标的物;(2)买方收到标的

物时应当在约定的检验期内检验;(3)买方应当按照约定的时间支付价款。

4. 买卖合同标的物风险转移

标的物毁损、灭失的风险,在标的物交付之前由出卖人承担,交付之后由买受人承担,但法律另有规定或者当事人另有约定的除外。为此,买卖双方一定要明确"交付"的含义,明确出卖人必须按约定的时间和地点"交付"买卖合同标的物,买受人必须按约定的时间和地点接收买卖合同标的物。如约定买卖合同标的物所有权在出卖人收到100%货款时点转移。

5. 标的物所有权转移

当事人可以在买卖合同中约定买受人未履行支付价款或其他义务的,标的物所有权属于出卖人。如约定买卖合同标的物所有权在出卖人收到100%货款时点转移。

(二)买卖合同文本举例

1. 茶叶买卖合同

茶叶买卖合同

合同编号:＿＿＿＿＿＿

签订地点:＿＿＿＿＿＿

签订时间:＿＿＿＿＿＿

出卖人(甲方)＿＿＿＿＿＿

买受人(乙方)＿＿＿＿＿＿

依据《中华人民共和国民法典》及相关法规的规定,甲乙双方协商一致,签订本合同。

第一条 乙方向甲方订购茶叶,茶叶的名称、品级、数量、质量标准及要求如下(表格):

序号	品名	等级	数量 (公斤)	单价 (元)	总价 (元)	产地	生产 日期	其他 要求
合计人民币(大写)　　　　　元　　　　(小写)　　　　元

第二条 质量标准

(一)甲方要出示下列_____文件资料:(1)营业执照;(2)卫生许可证;(3)产品检验报告;(4)_____。

(二)茶叶的卫生指标应符合国家标准,本合同第一条中:

1.序号____号为____;(1)有机茶;(2)无公害茶;(3)绿色食品茶;(4)原产地保护名茶;(5)注册商标_____。详见附件认证证明。

2.序号____号为____;(1)有机茶;(2)无公害茶;(3)绿色食品茶;(4)原产地保护名茶;(5)注册商标_____。详见附件认证证明。

(三)甲乙双方应当将茶叶样品以及包装拍照后封存保管,交货时对样验收。

第三条 交货方式

(一)合同双方选择_____交货方式:(1)乙方提货;(2)甲

方托运。

（二）交货地点：_____。

（三）交货期限：___年___月___日，或由乙方另行通知；委托物流公司运输，物流费由_____承担：（1）甲方；（2）乙方。

第四条　货物验收

（一）验收地点：

1.采用乙方提货方式的验收地点为提货地点；2.采用物流托运以_____为验收地点。

（二）验收时间：乙方在收到货物之日起_____日内验收完毕。乙方对茶叶的质量、品种、数量、包装等有异议的，应在验收之日起_____日内书面向甲方提出。

（三）验收标准：按_____标准验收：（1）按照封存样品验收；（2）_____。

第五条　保质期与储存条件

绿茶的保质期自生产之日起_____日内，但须达到乙方接收货物后立即储存于干净、干燥、温度在摄氏_____度至_____度之间的室内保管的条件。

红茶的保质期自生产之日起_____日内，但须达到乙方接收货物后立即储存于干净、干燥、温度在摄氏_____度至_____度之间的室内保管的条件。

第六条　定金

乙方于___年___月___日向甲方支付定金（在总价款_____%以内）人民币（大写）_____（小写）_____。合同履行完毕，定金可以冲抵乙方应付货款。

第七条　货款结算

乙方对货物验收合格后_____日内,将货款汇入甲方开户银行_____,账号_____。

第八条　合同解除

合同当事人一方要求变更或解除本合同时,应通知对方,由双方协商达成书面协议,按协议执行。未达成协议之前,双方应当继续履行合同。

第九条　违约责任

(一)甲方未按合同约定的数量交付茶叶,按少交茶叶总价款的_____%向乙方支付违约金。甲方逾期交付所订茶叶的,按逾期交付茶叶总价款的_____%向乙方支付违约金;逾期交付超过_____日的,乙方可以解除合同。

(二)因甲方原因造成所订茶叶质量不符合要求的,按合同总价款的_____%向乙方支付违约金。乙方仍然需要的,甲乙双方协商签订合同确定茶叶价款;乙方不需要的,甲方自行处理。

(三)乙方未按合同约定的数量收取茶叶的,按少收茶叶总价款的_____%向甲方支付违约金。乙方逾期接收所订茶叶的,按逾期接收茶叶总价款的_____%向乙方支付违约金并承担由此产生的保管费用等相关损失。

(四)逾期支付货款的,乙方应支付完毕货款,同时,按照逾期支付货款额的_____%向甲方支付违约金。

第十条　合同争议的解决方式

本合同在履行过程中发生的争议,由双方当事人协商解决;也可以由有关部门调解;协商或调解不成的,按下列_____种方式解决：

（一）提交＿＿＿＿仲裁委员会仲裁；

（二）依法向人民法院起诉。

第十一条 本合同一式＿＿＿＿份，合同当事人各执＿＿＿＿份；本合同经合同当事人签字、法人盖章并自甲方收到乙方所交付定金时生效。

出卖人（甲方）（章）

统一社会信用代码：＿＿＿＿＿＿＿＿＿＿＿＿＿＿

住所：＿＿＿＿＿＿＿＿＿＿ 通信地址：＿＿＿＿＿＿

法定代表人（签名）＿＿＿＿ 公民身份号码：＿＿＿＿

电话/手机：＿＿＿＿＿＿＿

委托代理人（签名）＿＿＿＿ 电话/手机：＿＿＿＿＿

户名：＿＿＿＿开户银行：＿＿＿＿＿＿账号：＿＿＿＿

买受人（乙方）（章）

统一社会信用代码：＿＿＿＿＿＿＿＿＿＿＿＿＿＿

住所：＿＿＿＿＿＿＿＿＿＿ 通信地址：＿＿＿＿＿＿

法定代表人（签名）＿＿＿＿ 公民身份号码：＿＿＿＿

电话/手机：＿＿＿＿＿＿＿

委托代理人（签名）＿＿＿＿ 电话/手机：＿＿＿＿＿

户名：＿＿＿＿开户银行：＿＿＿＿＿＿账号：＿＿＿＿

第四章 企业合同法律事务

提示

1. 对产品验收的条款,要具体详细、清楚明白。

2. 规定产品质保期。

3. 约定产品保管使用条件,如对环境的温度、湿度以及卫生的要求。

4. 对货款的支付方式条款要根据买方的信用情况做出谨慎的约定,防范货款风险。

5. 食品类的生产、制作、包装、运输、储存、销售、广告宣传等涉及《食品安全法》《产品质量法》《商标法》《消费者权益保护法》等法律,生产经营者要依法生产经营。

案例

质量异议的期限

案号:广西壮族自治区玉林市中级人民法院(2021)桂09民终2407号民事判决书

判决结果:认为买受人收货后未在约定质保期或法定期限内提出质量异议,在出卖人催缴货款时,再以质量问题主张履行抗辩权,法院不予支持。

2. 资产转让合同

资产买卖合同(从卖方角度常称为资产转让合同,从买方角度常称为资产收购合同),是指资产转让方与收购方明确双方在转让目标企业全部或实质全部资产时的权利义务的协议。

水电站资产转让合同（主要条款）

1. 目标企业资产

（1）土地使用权如下（资产清单）：

厂区坐落于_____县/市_____平方米国有土地使用权，使用年限_____年，土地使用权证号_____；

库区、大坝坐落于_____县/市_____平方米国有土地使用权，使用年限_____年，土地使用权证号_____；

输水渠道、隧道、压力管道坐落于_____县/市_____平方米国有土地使用权，使用年限_____年，土地使用权证号_____。

输电线路坐落于_____县/市_____平方米国有土地使用权，使用年限_____年，土地使用权证号_____。

（2）房屋所有权如下（资产清单）：

厂房、宿舍、综合楼坐落于_____县/市_____平方米房屋所有权，不动产权证号_____。

固定资产所有权如下（资产清单）：目标企业厂区、库区、输水渠道、隧道、压力管道、输电线路区域以及_____的水轮机、发电机、变压器等所有机器、设备、设施、生产、生活物品，包括设备资料、所有目标企业档案资料（下列资料必不可少：目标企业项目设计图纸、项目初步设计报告及其批文、水土保持评价报告及水资源使用许可证、环境评价报告及其批文、输电线路入国家电网合同、项目综合验收合格报告）、备品备件以及办公用品。

（3）无形资产所有权

2. 债权债务条款

以_____作为转让方与收购方交易资产交割日，交割日之前目标企业的债权债务不在本资产收购合同以内，由转让方自行处理。

3. 收购价款及支付方式条款

（1）收购价款：

收购资产整体价格为人民币_____元；

（2）交易产生的税费由合同当事人按照我国税法的规定依法缴纳；

（3）支付方式：

履约保证金_____元，在资产收购合同成立之日起_____日内存入共管账户；

第一期价款　支付总价款的_____%即人民币_____元，在达到××条件之日起_____日内支付到合同规定的银行账户；

第二期价款　支付总价款的_____%即人民币_____元，在达到××条件之日起_____日内支付到合同规定的银行账户。

4. 保证条款

转让方保证：

（1）保证转让资产明细单所列关于资产的质量、使用年限、性能状况等情况真实；

（2）保证转让资产明细单所列资产权属无争议、无抵押、无查封，如发生权属纠纷，由转让方负责处理，并负担此给收购方造成的损失；

（3）转让资产事宜，转让方已经获得必要的授权，具备本合同转让资产的所有条件；

（4）收购方是在信赖转让方陈述与保证的基础上签署本合同。

收购方保证：

（1）按照本合同的约定履行义务；

（2）收购资产的资金来源合法；

（3）交易行为合法，没有不正当竞争行为；

（4）履行保密条款；

（5）履行违约责任条款；

（6）履行合同附件。

本合同下列附件是本合同不可分割的组成部分，包括：（1）转让资产明细清单；（2）土地使用权属证件、房屋不动产权证件原件等全部证照；（3）项目初步设计报告及其批文、水土保持评价报告及水资源使用许可证、环境评价报告及其批文、输电线路入国家电网合同、项目综合验收合格报告等全部批文；（4）同意转让方转让目标企业资产的批文、决议等授权文件。

5. 争议解决条款

6. 合同的生效条款

提示

1. 注意资产收购合同的特殊性。

虽然资产收购合同也同属买卖合同，具有买卖合同的共同特点，即卖方交付标的物给买方，买方支付价款的合同，具有双务性、有偿和诺成性。但是，资产收购合同下列特殊性值得关注：

（1）交易的标的是目标企业资产，特别要关注资产整体性、资产的数量、质量、盘点交割、资产的性质（国有/非国有）。

（2）转让方主体是目标企业。

（3）与股权收购合同对比，除非有特别约定，收购方没有义务同时接受转让方的债务，一般只收购资产不涉及目标企业债务的转移。

（4）从风险角度与股权收购合同对比，我国对资产抵押采取登记政策，目标公司的资产抵押风险容易识别，而股权收购合同，对于股权目标公司的或有债务，难以甄别风险。

（5）从对目标企业控制权看，收购方收购资产另立门户，对目标公司没有控制权问题。

（6）从税负来看，资产收购合同与股权收购合同相比，资产要换"壳"，前者税负成本更高。

（7）从特许经营权来看，资产收购合同资产要换"壳"，这会影响特许经营项目的确定性。

（8）资产收购合同涉及重大资产交易，根据资产的性质，必须得到企业内部以及规定职权部门单位批准。

2.个人所得税的代扣代缴事项。

根据2018年8月31日修正的《个人所得税法》第9条规定，个人所得税以所得人为纳税人，以支付所得的单位或者个人为扣缴义务人。转让方是个人所得税纳税人，收购方是个人所得税扣缴义务人。因此，在转让合同中，要明确约定：收购方在支付的转让价款中预留应税款项，凭转让方缴纳相关税款凭证予以支付，以免造成收购方补缴税款的风险。

3.如果涉及国有资产，应当根据国有资产处理的法律规定，履行相应的法定程序。

3. 股权收购意向书

水电发电有限公司股权收购意向书

意向书编号：_____

签订日期：_____

签订地点：_____

意向书当事人

收购方(甲方)_____

转让方(乙方)_____

鉴于甲、乙方自愿协商，就乙方将持有的_____%以上的股权转让给甲方事宜，达成以下意向书条款，供各方遵守。

第一条 目标公司基本情况

一、目标公司自然状况：

××××水电有限公司(目标公司)成立于____年__月__日，在协议签订之日，目标公司的注册资本为人民币_____万元，主营业务：水力发电、输电线路维护、库区养殖等。目标公司水电发电站坐落于××省××县××镇，水库库区集雨面积××平方公里，水库库容××万立方米，发电机组及容量××KW，水库库区流域年平均降雨量××毫米，设计多年平均发电量××万度，峰谷电××/××，销售电价平均价格人民币××元。

二、股东、注册资本、出资比例：

(一)转让股东、其他股东

(二)注册资本

（三）出资比例、方式

第二条　交易程序

（一）意向书当事人初步洽谈。1. 了解基本情况；2. 到目标公司发电站实地考察；3. 签订股权转让意向书；4. 转让方将股权转让通知其他股东，确定其他股东是否主张优先权；5. 目标公司配合收购方对目标公司尽职调查（详见本意向书附件："尽职调查文件清单"）。

（二）签订正式股权转让合同前的磋商谈判。

（三）签订正式股权转让合同。

（四）股权转让合同的履行。1. 开设共管账户；2. 收购方支付履约保证金到共管账户；3. 转让方将收购方要求的所有资料原件交由收购方核对；4. 转让人作出股东会议决议与收购方办理股权变更登记手续；5. 受让人支付本期对应转让款；6. 转让人与收购方在股权及资产交割日，办理完成交割手续。包括股权、合同规定的不动产、动产、人员、所有的资料、印章等目标公司所有有形资产以及无形资产。

（五）转让方在完成股权交割之后继续给予收购方的协助配合。

第三条　交易条件

一、转让人保证：

（一）本意向书所指的转让股权，为所转让股权按占有比例享有目标公司注册资本金以及实际资产的权利以及利益。

（二）转让方资本金认缴人民币××万元，足额实缴人民币××万元。

（三）转让方拥有完全的转让股权，没有股权代持以及股权受限制的情形。

二、转让方的交易条件：

（一）股权百分之一的价款为人民币××万元（注：股权价格以正式股权转让合同为准）；

（二）价款支付方式：分期支付，交割日付清余款；

（三）以支付定金作为交易的保证金；

（四）签订正式的股权转让合同文本期限：意向书签订之日起＿日内签订正式的股权转让合同文本。

三、收购方的交易条件：

（一）意向书签订之日起＿日内，转让方须提交下列资料与原件内容一致的复印件给收购方分析（详见本意向书附件："尽职调查文件清单"）；

（二）支付价款以及保证金，采用交易双方开设共管账户或者提存给双方同意的第三方保管等形式，达到约定支付条件，分期支付相应价款；

（三）在审核验证转让人提交资料后，回应转让人的报价及其交易条件；

（四）同意转让方签订正式的股权转让合同文本的期限。

第四条 意向书有效期及当事人的义务

一、本意向书的有效期自签订之日起至＿＿＿年＿＿月＿＿日止。

二、转让方义务：

（一）履行本意向书转让方的义务；

（二）在本意向书的有效期内转让方承诺不与第三方磋商本意

向书股权转让事项；

（三）在意向书签订之日起__日内，按收购方要求提交资料复印件给收购方，并保证资料真实无误；

（四）在接到收购方签订正式的股权转让合同文本书面通知之日起__日内，以书面形式回复收购方。

三、收购方义务：

（一）对本意向书未对外公开的内容保密；

（二）在意向书签订之日起__日内，完成对从转让方接收的资料的审核；

（三）在意向书签订之日起__日内，将签订正式的股权转让合同文本事项，以书面形式通知转让人。

第五条　违约责任

意向书当事人不履行意向书约定义务，要承担违约赔偿责任：_____。

第六条　争议解决

因履行本意向书所发生的一切争议，各方应首先通过友好协商或调解解决，如协商和调解解决不成，则通过下列_____方式：

（一）向_____仲裁委员会申请；

（二）依法向_____人民法院起诉。

第七条　其他事项

一、通知与联系。以本意向书当事人预留的联系方式、住址为依据，相互发出电子信息或者发出快递视为通知到达对方当事人。当事人变更联系方式应当以书面方式通知其他方，否则要承担通知不到的后果。

二、本意向书的签字盖章。

本意向书经自然人方签名，法人单位签字并盖章后生效。

收购方（盖章）	转让方（盖章）
法定代表人或代理人（签字）	法定代表人或代理人（签字）
地址：	地址：
社会统一信用代码：	社会统一信用代码：
开户银行及账号：	开户银行及账号：
经办人：	经办人：
手机号码：	手机号码：
日期：	日期：

附：

收购水力发电企业资产／股权尽职调查表

致××××水电有限公司：

  为完成合作项目（下称"本项目"）之法律尽职调查，我们特提供本法律尽职调查问卷清单，以便我们收集与本项目有关的文件与资料。

  我们在基于目标公司对本调查清单的回答或提供的资料所进行的初步审查的基础上，根据合作者业务进程设计尽职调查清单，因此，如果在业务新阶段产生新的问题、新的有关文件，也请目标公司及时提供。同时，也请合作者对各阶段的尽职调查清单予以审核，提出修正、补充等意见。

注意事项及说明

1. 公司应确保答复之问题或提供之文件资料的真实性、完整性，不存在虚假、误导性陈述和重大遗漏。我们将视情况向相关政府管理部门调阅公司的有关文件和资料。
2. 除非本清单中特别注明，否则本清单所称"公司"包括某项目公司及其子公司、参股公司和分公司。
3. 公司本次所提供的文件和资料：（1）除公司单独作出书面说明的文件需要提供原件以外，其他文件只需提供复印件；（2）应按照本清单的编号顺序给予编号。公司还应准备一个文件目录（根据清单小标题），简要列明公司提供所有文件的名称。文件目录中所列文件的顺序和编号应该和本清单的编号相对应。
4. 请公司安排适当人选配合我们按照本清单收集有关文件与资料，如公司对本调查清单有任何疑问的，请及时与我们联系。
5. 请公司打印本清单，并在"反馈情况"一栏中对于相关材料进行如下标注：对于已经提供的文件，请在清单上相应标注"已提供"；对于本身即不存在本清单列出的某项文件的，请根据情况标注"无"或"缺失"；对于暂时无法提供或稍后才能提供的文件，请标注"待提供"或者"暂无法提供"并简单说明原因；对于不适用本项目的情形，请填写"不适用"，并简单说明原因（可附页）。
6. 如有未尽事项需作说明，可另附页。

联系人：
联系方式：

需公司提供以初步审查的文件	反馈情况	备注
1. 综合：关于此次拟议交易所涉公司股东或其他监管部门如国有资产管理部门的批准文件，包括但不限于股东会决议、董事会决议等		"签订意向书"后提供

需公司提供以初步审查的文件	反馈情况	备注
2. 公司目前的组织结构图（董事会、监事会、经理）		"签订意向书"后提供
3. 公司成立时的批准文件		"第一次磋商"时提供
4. 公司现行有效的营业执照正副本复印件		"第一次磋商"时提供
5. 最新章程或章程修正案		"第一次磋商"时提供
6. 公司水电项目立项/批准文件、取水许可证、发电许可证等所需的全部许可证书和其他执照等		"签订意向书"后提供
7. 公司水电项目的可行性初步设计研究报告及其批准文件		"第一次磋商"时提供
8. 公司水电站综合验收文件、上网协议、电价批文等		"第一次磋商"时提供
9. 5年发电量：＿＿＿年1月1日—＿＿＿年12月31日发电量		"第一次磋商"时提供
10. 5年发电收入：＿＿＿年1月1日—＿＿＿年12月31日发电收入		"第一次磋商"时提供
11. 不动产：公司拥有的国有土地使用权证（或不动产权证）		"签订意向书"后提供
12. 公司拥有的房屋所有权情况，包括房屋所有权证		"签订意向书"后提供
13. 通过划拨或其他方式取得的任何土地使用权及相关文件，包括所有相关部门的批准		"签订意向书"后提供

需公司提供以初步审查的文件	反馈情况	备注
14. 以其他方式取得的任何房产的房屋所有权证（或不动产权证）及其相关文件		"签订意向书"后提供
15. 财务：公司近三年的审计报告		"签订意向书"后提供
16. 公司近两年的各类资产评估报告		"签订意向书"后提供
17. 公司目前有效正在履行中的借款合同及其他融资合同		"签订意向书"后提供
18. 请说明公司是否存在与其股东、下属公司及其他关联方之间的借款、资金拆借或占用关系（公司不管是作为资金借入方还是出借方）以及提供前述书面说明时的资金（借贷方）余额		"签订意向书"后提供
19. 公司为自身、股东、下属公司、关联公司或第三方提供的任何形式之担保合同、协议、抵押和质押证明文件，该担保包括但不限于保证、抵押、质押、留置、定金等		"签订意向书"后提供
20. 有关公司房地产抵押的相关文件（包括抵押合同、抵押登记文件等）		"签订意向书"后提供
21. 请说明公司股权上目前有无质押、冻结或托管等情形		"签订意向书"后提供
22. 请说明公司股东所持公司的股权是否存在任何形式的代持股、委托持股或信托持股的情形		"签订意向书"后提供

需公司提供以初步审查的文件	反馈情况	备注
23.环境保护:(1)公司日常生产经营需要遵守的相关环保规定;(2)公司为符合该等规定而制定的制度或采取的措施;(3)公司小水电清理整改情况说明(盖章原件)		"第一次磋商"时提供
24.公司环境影响报告书(或类似文件)、环境评价报告、环境质量监测报告及环保部门的审批意见		"签订意向书"后提供
25.环保部门向公司出具的所有涉及环保事项的批复文件		"签订意向书"后提供
26.公司近两年因违反环境法规而受到行政处罚的文件(如有)		"签订意向书"后提供
27.税务:公司适用的主要税费种类、税率的说明		"第一次磋商"时提供
28.公司所享有的优惠税率、补贴,并提供该等优惠所依据的法律、法规及政府文件		"签订意向书"后提供
29.公司享有的减免税项目,并提供该等税收减免所依据的法律、法规及政府文件以及任何关于公司的特殊税收待遇的法律规定或政策文件或政府批复		"签订意向书"后提供
30.公司收到的有关欠缴税款的文件、通知及采取的解决方法,或有关税务处罚的文件(如有)		"签订意向书"后提供
31.重大或者正在履行的合同:近三年公司每年排名前二(按照合同金额)的采购合同和销售合同		"签订意向书"后提供

需公司提供以初步审查的文件	反馈情况	备注
32. 公司与政府有关部门之间签订全部合同等书面文件及公司向政府出具的全部承诺(如有),包括但不限于投资协议书等		"签订意向书"后提供
33. 公司与相关方签订的使用土地、使用水源协议等		"签订意向书"后提供
34. 公司正在履行中的全部施工合同(包括工程已经建成但公司尚未付清工程款的施工合同)、工程款支付明细		"签订意向书"后提供
35. 设备与动产:公司拥有的设备、车辆及其他重要动产汇总表		"签订意向书"后提供
36. 公司在动产上设立的所有担保、质押等情况		"签订意向书"后提供
37. 涉及动产登记的,提供相应的登记文件		"签订意向书"后提供
38. 质量与安全:公司是否需要并取得相关部门的安全生产许可,公司日常业务环节安全生产、安全防护、风险防控等措施(如有)		"签订意向书"后提供
39. 公司近两年受到过技术监督部门的行政处罚的文件		"签订意向书"后提供
40. 知识产权		"签订意向书"后提供
41. 员工事宜:公司现有的员工名册		"签订意向书"后提供
42. 公司的核心技术(业务)人员情况		"签订意向书"后提供
43. 公司使用的标准劳动合同,并请公司说明是否与所有员工(包括临时用工)签订劳动合同		"签订意向书"后提供

需公司提供以初步审查的文件	反馈情况	备注
44. 公司与主要管理人员、员工所签署的补充协议，包括但不限于保密协议、竞业禁止协议		"签订意向书"后提供
45. 公司为员工缴纳公积金、养老、失业、医疗等社会保险金的情况，并提供社会保险登记证及年检情况		"签订意向书"后提供
46. 公司为员工的个人所得税代扣代缴情况		"签订意向书"后提供
47. 诉讼、仲裁、争议等：和公司有关的正在进行的或已有明显迹象表明可能要发生的诉讼、仲裁或行政复议情况说明和文件，包括但不限于起诉状、答辩状、申请书、判决书、裁决书、裁定及其他处罚通知书等，其履行、执行之最新状况		"签订意向书"后提供
48. 目前存在的或涉及公司任何财产存在任何行政机关、司法机关的查封、冻结及其他强制执行的措施或程序		"签订意向书"后提供
49. 保险：保险期内的公司保险汇总，包括但不限于一般责任险、财产保险等社会基本保险以外的所有保险保单复印件		"签订意向书"后提供
50. 股权转让合同的履行：国有股权转让的法定批准文件、公司股东转让股权的股东决议		"签订转让合同"后提供
51. 股权变更登记全套文件（签署）		"签订转让合同"后提供
52. 转让方（个人所得税）缴纳应税证明		"签订转让合同"后提供

提示

1.因企业的投资收购涉及资产重大、时间跨度大、法律政策多、具体情况复杂等诸多因素，转让方与收购方签订收购意向书，有利于双方签订正式收购合同以及实现合同目的。

2.注意下列事项：

(1)收购方组建收购团队：收购方内部团队＋外聘专业团队。

(2)做好收购相关的预备工作：一是了解所收购目标公司的公开资料显示的企业经营情况、资信情况信息；二是对收购的可行性进行法律论证，寻找收购目标企业立项的法律依据。

(3)进行尽职调查。投资的预期收益，控制投资成本是主要因素。而投资成本是否透明，风险是否可控，是否具有投资的价值，需在收购资产时进行尽职调查。

(4)达成收购意向书、收购合同。

(5)履行收购合同。

(6)涉及国有资产的股权，要遵守国有资产处置法律法规。

二、借款合同

(一)借款合同的相关法律规定

1.借款合同的概念

借款合同是借款人向贷款人借款，到期返还借款并支付利息的合同。

2. 借款合同的形式和内容

借款合同应当采用书面形式，但是自然人之间的借款另有约定的除外。

借款合同的内容一般包括种类、币种、用途、数额、利率、期限和还款方式等条款。

3. 借款合同当事人的义务

借款人义务：(1)订立借款合同，按照贷款人的要求提供与借款有关的业务活动和财务状况的真实情况；(2)借款使用过程中，应当按照约定向贷款人定期提供有关财务报表或者其他资料；(3)按照约定的借款用途使用借款；(4)按照约定期限支付利息返还借款。

贷款人义务：贷款人按时足额向借款人交付借款。

（二）借款合同文本

借款合同

合同编号：_____

签订地点：_____

签订时间：_____

借款人（甲方）单位：基本信息；

　　　　　　自然人：姓名、性别、民族、出生日期、公民身份号码、户籍地址、经常居住地以及通信地址、银行账户、手机号码。

贷款人（乙方）单位：基本信息；

自然人：姓名、性别、民族、出生日期、公民身份号码、户籍地址、经常居住地以及通信地址、银行账户、手机号码。

甲乙双方就下列借款事宜达成一致意见，并签订本合同。

一、乙方借给甲方人民币_____元（小写_____），于____年____月____日之前一次性交付至甲方，户名：_____，开户银行：_____，账号：_____。

二、借款用途。本借款仅限于生产经营等合法使用。

三、借款期限及借款返还。借款期限从乙方向甲方交付借款之日起____个月，借款到期，一次性返还借款。

四、借款利率及利息支付。借款月利率为____%，借款到期，付清利息。

五、违约责任。（一）甲方逾期返还借款，应当承担返还借款的违约责任；（二）逾期期间，按借款本金每月____%的标准，支付违约金；（三）甲方承担乙方为了实现债权的费用，包括但不限于保全费、诉讼费、律师费等费用。

六、争议解决方式。如发生争议，双方通过协商或调解解决；双方不能协商或者调解解决，可向乙方所在地人民法院起诉。

七、本合同经双方签字，并自乙方向甲方支付借款后生效。本合同一式两份，双方各执一份。

甲方（借款人签字、单位盖章）：　　　年　　月　　日
乙方（贷款人签字、单位盖章）：　　　年　　月　　日

> 提 示
>
> 1.要明确是个人借款还是夫妻借款。夫妻以个人名义借款，债权人存在举证证明借款属于夫妻共同债务的风险。
>
> 2.借款人要提交身份证明材料。
>
> 3.借款交付应通过电子交付或银行等金融机构转账交付，有利于交付事实的举证证明。

三、担保借款合同

担保借款合同

合同编号：_____

签订地点：_____

签订时间：_____

借款人（甲方）单位：单位基本信息；

　　　　　　自然人：姓名、性别、民族、出生日期、公民身份号码、户籍地址、经常居住地及通信地址、银行账户、手机号码。

贷款人（乙方）单位：单位基本信息；

　　　　　　自然人：姓名、性别、民族、出生日期、公民身份号码、户籍地址、经常居住地及通信地址、银行账户、手机号码。

担保人（丙方）单位：单位基本信息；

自然人：姓名、性别、民族、出生日期、公民身份号码、户籍地址、经常居住地及通信地址、工作单位、手机号码。

甲乙丙三方就下列借款事宜达成一致意见，并签订本合同。

一、乙方借给甲方人民币＿＿＿元（小写＿＿＿），于＿＿年＿＿月＿＿日之前一次性交付至甲方，户名：＿＿＿＿＿＿，开户银行：＿＿＿＿＿＿银行，账号：＿＿＿＿＿＿＿＿。

二、借款用途。本借款仅限于生产经营等合法使用。

三、借款期限及借款返还。借款期限从乙方向甲方交付借款之日起六个月，借款到期，一次性返还借款。

四、借款利率及利息支付。借款月利率为＿＿％，借款到期，付清利息。

五、担保事项。丙方保证的内容为：愿为甲方提供连带保证责任；保证范围为借款本金和利息；保证期限为借款期限届满之日起三年。

六、违约责任

（一）甲方逾期返还借款，除继续履行返还借款的义务，应对欠款期间，按全国一年期贷款市场报价利率（LPR）＿＿倍的标准，支付违约金；

（二）甲方承担乙方为了实现债权（收回借款本息）的费用，包括但不限于保全费、诉讼费、律师费等费用。

七、争议解决方式。如发生争议，甲乙丙三方通过自行协商解决或者调解；协商不成或者调解不能解决，可向乙方所在地人民法院起诉。

> 八、本合同经三方签字,并自乙方向甲方支付借款后生效。本合同一式三份,三方各执一份。
>
> 甲方(借款人签字、单位盖章):　　　　年　　月　　日
> 乙方(出借人签字、单位盖章):　　　　年　　月　　日
> 丙方(担保人签字、单位盖章):　　　　年　　月　　日

提示

1. 借款人有配偶,该借款属于夫妻共同债务的,应当由夫妻双方作为共同借款人。

2. 提供合同当事人的身份证明。

四、保证合同

(一)保证合同的相关法律规定

1. 保证合同的概念

保证合同是为了保障债权的实现,保证人与债权人约定,当债务人不履行到期债务或者发生当事人约定的情形时,保证人履行债务或者承担责任的合同。

2. 保证合同的内容

一般包括被保证的主债权的种类、数额、债务人履行债务的期限,保证的方式、范围和期间等条款。

3. 保证方式

保证方式包括一般保证和连带责任保证。当事人在保证合同中对保证方式没有约定或者约定不明确的,按照一般保证承担保证责任。

4. 保证责任的范围

主债权及其利息、违约金、损害赔偿金和债权实现的费用。当事人另有约定的,按照其约定。

5. 保证期间

保证期间是指确定保证人承担保证责任的期间。

(二)保证合同文本

根据《民法典》第 685 条规定,保证合同可以是单独订立的书面合同,也可以是主债权债务合同中的保证条款。为简便起见,本书采用在《担保借款合同》《抵押借款合同》中规定保证条款的方式介绍保证合同。

提示

1. 保证方式不明确的风险。

保证合同的保证方式有一般保证和连带责任保证。保证方式没有约定或者约定不明的,按照一般保证承担保证责任。

2. 保证期间不明确的风险。

当事人约定的保证期间早于主债务履行期限或者与主债务履行期限同时届满的,视为没有约定。保证期间没有约定或者约定不明确的,保证期间为主债务履行期限届满之日起 6 个月。

应对方法:

> 1. 明确保证人的保证方式。
> 2. 依法明确约定保证人的保证期间。
> 3. 明确保证人的保证范围。
> 4. 参照《最高人民法院关于适用〈中华人民共和国民法典〉有关担保制度的解释》(2021年1月1日施行)的有关规定。

五、租赁合同

(一)租赁合同的相关法律规定

1. 租赁合同的概念

租赁合同是出租人将租赁物交付给承租人使用、收益,承租人支付租金的合同。

2. 租赁合同的内容

一般包括租赁物的名称、数量、用途、租赁期限、租金及其支付期限和方式、租赁物维修等条款。

3. 当事人的义务

出租人义务:(1)按约定将租赁物交付承租人,并在租赁期限内保持租赁物符合约定的用途;(2)按约定履行租赁物的维修义务;(3)出卖出租房屋前,履行向承租人通知义务。

承租人义务:(1)按照约定的方法、用途使用租赁物;(2)妥善使用、保管租赁物的义务;(3)按约定支付租金的义务;(4)租赁期限届满,按时返还租赁物。

4. 房屋承租人享有优先购买权、优先承租权。

（二）房屋租赁合同文本

房屋租赁合同

合同编号：_____

签订地点：_____

签订时间：_____

出租人：_____

承租人：_____

第一条 租赁房屋基本情况

租赁房屋坐落在_____，面积（建筑面积/套内面积）_____平方米，其中计租面积_____平方米，房屋结构：_____，总层_____，第_____层，房屋性质（住宅/商业）_____房屋不动产权证号_____，房屋权利人_____。

第二条 租赁期限

从___年__月__日至___年__月__日。以下每年指满12个月。

第三条 免租装修期

免租装修期自出租人将租赁房屋交付给承租人之日起算____日，该期间，承租人无须支付租金，但应支付租赁房屋交付之后所发生的水、电、垃圾清运费、物业费等费用。

第四条 租金及支付方式

（一）租金标准（计租单位可按每平方米或者每套，计租时间可按每月或者每年）

第1年度租金（大写）_____（小写）_____。

第2年度租金（大写）_____（小写）_____。

第 3 年度租金（大写）_____（小写）_____。

………

（二）租金交纳方式

1. 承租人按下列方式交纳租金：

在本合同签订生效之日起_____日之内交付第一个租赁年度租金；在以后每个租赁年度租金都在上年度到期前一个月交纳下个年度租金。

2. 承租人应将租金支付到出租人指定银行账户。

3. 出租人在收到承租人交纳的租金之日起_____日之内向承租人开具发票。

第五条　履约保证金

（一）在本合同生效之日起_____日之内，承租人向出租人交纳_____元人民币的履约保证金，出租人在收到承租人交纳的履约保证金之日起_____日之内向承租人开具收据。

（二）本合同终止时，履约保证金冲抵合同约定由承租人承担的费用外，剩余部分（如有）于承租人履行完毕本合同其他合同义务后_____日之内无息归还承租人。

第六条　租赁房屋的水费、电费、物业费以及承租人使用产生的其他费用，由承租人承担。

第七条　租赁房屋的用途：_____。

第八条　租赁房屋的维修

出租人维修的范围及费用承担：_____。

承租人维修的范围及费用承担：_____。

第九条 租赁房屋的装修

（一）承租人租赁房屋装修、改善增设他物的方案以书面形式报经出租人同意,方可实施。

（二）租赁合同期满,租赁房屋装修、改善增设他物的处理:_____。

第十条 承租人转租租赁房屋,须以书面形式,通知并经承租人同意方可实施转租事宜。

第十一条 合同解除的条件

（一）有下列情形之一,出租人有权解除本合同:

1. 承租人不交付或者不按约定交付租金达____个月以上;

2. 承租人所欠各项费用达（大写）_____元以上;

3. 承租人未经出租人同意及有关部门批准,承租人擅自改变出租房屋用途的;

4. 承租人违反本合同约定,不承担维修责任致使房屋或者设备严重损坏;

5. 未经出租人书面同意,承租人将租赁房屋进行装修的;

6. 未经出租人书面同意,承租人将租赁房屋转租第三人;

7. 承租人在租赁房屋进行违法活动的。

（二）有下列情形之一,承租人有权解除本合同:

1. 出租人迟延交付租赁房屋____个月以上;

2. 出租人交付租赁房屋的实际面积少于合同约定的面积达____%以上;

3. 出租人违反本合同约定,不承担维修责任,使承租人无法继续使用租赁房屋;

4._____。

第十二条　租赁房屋的交还

（一）交还期限　承租人在租赁合同终止之日＿＿＿日内（以下称"交还期"）将租赁房屋保持整洁交还出租人；

（二）承租人自行承担费用　拆除、搬离由承租人所有的设施、设备，除不可搬离或搬离、拆除可能会损坏房屋的物品外，该等物品视为合同终止后归出租人所有。

（三）交还房屋验收　交还房屋时，合同当事人对房屋以及所有设施、设备进行验收，如有损坏，承租人负责修复并承担修复费用；对无法修复的，承租人应赔偿出租人相应损失。

（四）交还期届满后，经出租人催告，承租人仍未向出租人交还房屋，视为承租人放弃对该租赁房屋内承租人物品的所有权，出租人有权依法处置，包括作为垃圾处置。承租人应承担下列责任：1.承担租赁房屋占用费；2.承担承租人为了收回租赁房屋的所有费用，包括但不限于诉讼费、律师费等；3.赔偿逾期返还房屋给出租方造成的其他损失。

第十三条　不可抗力

（一）因不可抗力造成一方或者双方无法履行本合同，根据不可抗力影响的程度，可以部分或者全部免除责任。但一方迟延履行后发生不可抗力的，不能免除责任。

（二）受不可抗力影响一方要立即将不可抗力事件包括当地政府的有效书面证明，以及要求，告知另一方。

第十四条　特别约定

承租人使用租赁房屋应当规范装修，确保规范安装和使用水、电、煤气等设施设备,并承担承租人以及第三人在使用租赁房屋时的安全保障责任,负责对人身损害以及财产损失的赔偿责任。

第十五条　违约责任

出租人违约责任:

1. 未及时维修租赁房屋,影响承租人正常使用的,或者造成承租人以及第三人人身损害、财产损失的,负责赔偿损失;

2. 出租人交付租赁房屋的实际面积少于合同约定的面积,向承租人退还多收的租金;

3. 出租人没有以书面形式告知承租人优先购买权、优先续租权,负责赔偿因此造成的损失。

承租人违约责任:

1. 逾期交付租金,除及时补足应交租金之外,还应按每日万分之＿＿＿的标准支付滞纳金;

2. 承担毁坏租赁房屋的赔偿责任。

第十六条　合同争议的解决方式

本合同在履行过程中发生的争议,由双方当事人协商解决;也可以由有关部门调解;协商或调解不成的,按下列＿＿＿种方式解决:

(一)提交＿＿＿仲裁委员会仲裁;

(二)依法向租赁房屋所在地人民法院起诉。

第十七条　本合同一式＿＿＿份,合同当事人各执＿＿＿份;本合同经合同当事人签字或者盖章即生效。

出租人:

承租人:

注：

1. 承租人、出租人是单位的落款填写下列内容：

（单位盖章）　　　　统一社会信用代码：_____

住所：_____　　通信地址：_____

法定代表人：（签名）　公民身份证号码：_____

电话/手机：_____

委托代理人：（签名）　电话/手机：_____

户名：_____　开户银行：_____　账号：_____

2. 承租人、出租人是自然人的落款填写下列内容：

（签名）　　　　　性别_____　民族_____

出生日期：_____　公民身份证号码：_____

住址：_____　　电话/手机：_____

户名：_____　开户银行：_____　账号：_____

提示

1. 审查出租房的不动产权证原件，核对租赁房屋的基本事实，防范租赁房屋产权纠纷。

2. 明确约定租赁房屋面积计算标准，明确租赁房屋计算租金面积是套内面积还是建筑面积，包含多少公摊面积，计算物业管理费的面积，防范当事人对租赁房屋的面积产生争议。

3. 明确租赁房屋是否有抵押等限制情况。《民法典》第405条规定，抵押权设立前，抵押财产已经出租并转移占有的，原租赁关系不受该抵押权的影响。

4.要求租赁房屋权利人都在租赁合同签名,防范未签字的租赁房屋权利人干涉租赁房屋合同的履行风险。

5.租赁房屋面积大、租金数额大、租期长的,可以先签订租赁房屋意向书,待意向书的条件成就后签订正式租赁房屋合同。

6.房屋租赁合同的签订、履行及纠纷解决,要注意参照《商品房屋租赁管理办法》(2010年12月1日发布)、《最高人民法院关于审理城镇房屋租赁合同纠纷案件具体应用法律若干问题的解释》(2020年12月29日公布)的相关规定。

(三)买卖不破租赁及其例外情形

案例

基本案情:出租人杨某甲将房产租赁给承租人陈某乙,租期10年。其间,杨某甲向银行借款,以案涉房产抵押担保,后因未能还本付息,被银行起诉,案涉房产被拍卖,李某丙拍卖得到案涉房产。李某丙要求承租人陈某乙搬离出租房,因此产生租赁合同纠纷。

法院认为,案涉房产租赁期限未满,根据《民法典》第725条规定租赁物在承租人按照合同占有期限内发生所有权变动的,不影响租赁合同的效力,驳回李某丙的诉讼请求。

买卖不破租赁的例外情形:一是当事人在租赁合同中另有约定,依照约定;二是出租之前已经设立了房产抵押权,因抵押权人实现抵押权发生所有权变动;三是出租之前房产已经被查封。

六、合伙合同

(一)合伙合同的相关法律规定

1. 合伙合同的概念

合伙合同是指两个以上合伙人为了共同的事业目的,订立的共享利益、共担风险的协议。

2. 合伙合同的一般条款

(1)合伙人的姓名或者名称和住所地。

(2)合伙性质:普通合伙,或有限合伙。

(3)合伙事务,或经营范围。

(4)合伙人的出资义务:出资方式、数额和交付期限。

(5)合伙事务的执行:合伙事务的决定以全体合伙人一致同意,或者按合伙人或者合伙人出资比例表决通过。

(6)合伙事务执行人的产生方式以及其他合伙人对合伙执行人监督权利。

(7)合伙利润分配和亏损分担:对内部按出资比例分配利润、承担风险;或者按具体约定执行。

(8)合伙人对合伙债务的责任:对外债务,合伙人承担连带责任,对内部,按出资比例承担债务,超过自己应当承担份额的合伙人,有权向其他合伙人追偿。

(9)合伙人退出、合伙人转让财产份额的约定。

(10)合伙期限。

(11)合伙合同终止后剩余财产的分配。

> 案例

合伙合同"僵局条款"的教训

案情简介：2014年9月2日，宁波某股权投资合伙企业与胡某、张某（华裔加拿大居民）签订《宁波华瓷通信技术有限公司增资协议》及《宁波华瓷通信技术有限公司增资协议之补充协议》，约定股权转让事宜。因股东权益纠纷，2018年3月26日，宁波某股权投资合伙企业将胡某、张某起诉至宁波市鄞州区人民法院。一审判决胡某、张某支付宁波某股权投资合伙企业2016年度补偿款389万余元。胡某、张某不服判决，提起上诉。宁波市中级人民法院二审改判驳回宁波某股权投资合伙企业的诉讼请求。宁波某股权投资合伙企业向浙江省高级人民法院申请再审，并利用公司章程的约定限制目标公司宁波华瓷通信技术有限公司的发展计划。与此同时，胡某、张某将宁波某股权投资合伙企业起诉至宁波市鄞州区人民法院，要求确认该增资协议无效。因目标公司章程约定"所有决议需要全体股东一致同意"，导致目标公司陷入僵局。公司僵局严重制约了企业进一步发展，特别是融资上市。

浙江高院深入调查，积极沟通，达成一揽子纠纷解决方案：由大股东确认保障小股东的知情权、盈利分配权等合法权益，小股东同意修改公司章程中构成公司经营和发展严重障碍的"僵局条款"，胡某、张某撤回其他诉讼。

（来源：《浙江高院分别公布2021年首批优化营商环境典型案例》，普法君 ZJspfb@vip.163.com）

> **提示**
>
> 1. 合伙合同的签订要遵守《民法典》以及《合伙企业法》的规定。
> 2. 要根据普通合伙、有限合伙设计相应的合同条款。
> 3. 要根据合伙企业的经营范围、经营目标设计合伙合同。
> 4. 要从有利于有效、高效治理又兼顾利益共同体原则设计合伙合同条款。
> 5. 一定要注意避免"僵局条款"。

《合伙企业法》第4条规定,合伙协议依法由全体合伙人协商一致、以书面形式订立。该法第19条规定,修改或者补充合伙协议,应当经全体合伙人一致同意;但是,合伙协议另有约定的除外。

第一,不要误解为订立、修改或者补充合伙协议都应当经全体合伙人一致同意。如果这样理解,并作为合伙协议的条款,就可能成为"僵局条款"。

第二,根据《合伙企业法》对修改或者补充合伙协议有例外性规定:合伙协议另有约定,可以按照另外约定修改或者补充合伙协议。如可以约定是出资比例的三分之二,或其他比例;也可以约定是全体出资人的三分之二,或其他比例。这样就能避免"僵局条款"风险。

七、专利实施许可合同

专利实施许可合同

鉴于许可方(姓名或名称)_____(注：必须与所许可的专利法律文件一致)拥有(专利名称)_____(注：必须与专利法律文件一致)专利，该专利为(职务发明创造或非职务发明创造)，专利为(九位)_____,公开号为(八位包括最后一位字母)____,申请日为____年__月__日,授权日为____年__月__日,专利法定届满日为____年__月__日。并拥有实施该专利所涉及的技术秘密及工艺。

鉴于被许可方(姓名或名称)_____属于____领域的企业、事业单位、社会团体或者个人等,拥有厂房____设备,人员____及其他条件,并对许可方的专利技术有所了解,希望获得许可而实施该专利技术(及所涉及的技术秘密及工艺);

鉴于许可方同意向被许可方授予所请求的许可,双方一致同意签订本合同。

第一条 名词和术语(定义条款)

本条所涉及的名词和术语均为签订合同时出现的需要定义的名词和术语。如：

专利——本合同中所指的专利是许可方许可被许可方实施的由中国专利局受理的发明专利(或实用新型专利或外观设计专利)专利号:_____发明创造名称:_____。

技术秘密——指实施本合同专利所需要的、在工业化生产中有助于本合同技术的最佳利用、没有进入公共领域的技术。

技术资料 —— 指全部专利申请文件和与实施该专利有关的技术秘密及设计图纸、工艺图纸、工艺配方、工艺流程及制造合同产品所需的工装、设备清单等技术资料。

合同产品 —— 指被许可方使用本合同提供的被许可方技术制造的产品,其产品名称为:＿＿＿＿＿。

技术服务 —— 指许可方为被许可方实施合同提供的技术所进行的服务,包括传授技术与培训人员。

销售额 —— 指被许可方销售合同产品的总金额。

净销售额 —— 指销售额减去包装费、运输费、税金、广告费、商业折扣。

纯利润 —— 指合同产品销售后,总金额减去成本、税金后的利润额。

改进技术 —— 指在许可方许可被许可方实施的技术基础上改进的技术。

普通实施许可 —— 指许可方许可被许可方在合同约定的期限、地区、技术领域内实施该专利技术的同时,许可方保留实施专利技术的权利,并可继续许可被许可方以外的任何单位或个人实施该专利。

排他实施许可 —— 指许可方许可被许可方在合同约定的期限、地区、技术领域内实施该专利技术的同时,许可方保留实施专利技术的权利,但不得再许可被许可方以外的任何单位或个人实施该专利。

独占实施许可 —— 指许可方许可被许可方在合同约定的期

限、地区、技术领域内实施该专利技术，许可方和任何被许可方以外的单位或个人不得实施该专利。

分许可——指被许可方经许可同意将本合同涉及的专利技术许可给第三方。

等等。

第二条　许可的方式与范围

该专利的许可方式是独占许可（排他许可、普通许可、交叉许可、分许可）；该专利的许可范围是某地区制造（使用、销售）其专利产品；（或者）使用其专利方法以及使用、销售依照该专利方法直接获得的产品；（或者）进口其专利产品（或者）进口依照该专利方法直接获得的产品。

第三条　专利的技术内容

许可方向被许可方提供专利号为：_____，专利名称为：_____的全部专利文件（见附件1），同时提供为实施该专利而必须的工艺流程文件（见附件2），提供设备清单（或直接提供设备）用于制造该专利产品（见附件3），并提供实施该专利所涉及的技术秘密（见附件4）及其他技术（见附件5）。

第四条　技术资料的交付

1. 技术资料的交付时间

合同生效后，许可方收到被许可方支付的使用费（入门费）（￥、$____万元）后的____日内，许可方向被许可方交付合同第三条所述的全部资料，即附件（1—5）所示的全部资料。

自合同生效日起，____日内，许可方向被许可方交付合同第三条所述的全部（或部分）技术资料，即附件（1—5）所示的全部资料。

2.技术资料的交付方式和地点

许可方将全部技术资料以面交、挂号邮寄、或空运方式递交给被许可方,并将资料清单,以面交、邮寄或传真方式递交给被许可方,将空运单以面交、邮寄方式递交给被许可方。

技术资料的交付地点为被许可方所在地或双方约定的地点。

第五条 使用费及支付方式

1.本合同涉及的使用费为(¥、$)____元。采用一次性总付方式,合同生效之日起____日内,被许可方将使用费全部汇至许可方账号、或以现金方式支付给许可方。

2.本合同涉及的使用费为(¥、$)____元。采用分期付款方式,合同生效后,____日内,被许可方即支付使用费的____%即(¥、$)____元给许可方,待许可方指导被许可方生产出合格样机____台,____日后再支付____%即(¥、$)____元。直至全部付清。

被许可方将使用费按上述期限汇至许可方账号、或以现金方式支付给许可方。

3.使用费总额分期支付(略)

4.该专利使用费由入门费和销售额提成两部分组成。

合同生效日支付入门费(¥、$)____元,销售额提成为____%(一般3—5%),每____个月(或每半年、每年底)结算一次。

被许可方将使用费按上述期限汇至许可方账号、或以现金方式支付给许可方。

5.该专利使用费由入门费和利润提成两部分组成(提成及支付方式同4)。

6.该专利使用费以专利技术入股计算,被许可方共同出资(¥、

$)＿＿万元联合制造该合同产品,许可方以专利技术入股股份占总投资的＿＿%(一般不超过20%),第＿＿年分红制,分配利润。

支付方式采用银行转账。现金总付地点一般为合同签约地。

在4、5、6情况下许可方有权查阅被许可方实施合同技术的有关账目。

第六条 验收的标准与方法

1. 被许可方在许可方指导下,生产完成合同产品＿＿个(件、吨、等单位量词)须达到许可方所提供的各项技术性能及质量指标(具体指标参数见附件6)并符合国际＿＿标准国家＿＿标准＿＿行业标准。

2. 验收合同产品。由被许可方委托国家(或某一级)检测部门进行,或由被许可方组织验收,许可方参加,并给予积极配合,所需费用由被许可方承担。

3. 如因许可方的技术缺陷,造成验收不合格的,许可方应负责提出措施,消除缺陷。第二次验收仍不合格,许可方没有能力消除缺陷的,被许可方有权终止合同,许可方返还使用费,并赔偿被许可方的部分损失。

4. 如因被许可方责任使合同产品验收不合格的,许可方应协助被许可方,进行补救,经再次验收仍不合格,被许可方无力实施该合同技术的,许可方有权终止合同,且不返还使用费。

5. 合同产品经验收合格后,双方应签署验收合格报告。

第七条 对技术秘密的保密事项

1. 被许可方不仅在合同有效期内而且在合同有效后的任何时候都不得将技术秘密(见附件4)泄露给本合同当事双方(及分

许可方)以外的任何第三方。

2.被许可方的具体接触该技术秘密的人员均要同被许可方的法定代表人签订保密协议,保证不违反上款要求。

3.被许可方应将附件4妥善保存(如放在保险箱里)。

4.被许可方不得私自复制附件4,合同执行完毕,或因故终止、变更,被许可方均需把附件4退还给许可方。

第八条 技术服务与培训(本条可签订从合同)

1.许可方在合同生效后____日内负责向被许可方传授合同技术,并解答被许可方提出的有关实施合同技术的问题。

2.许可方在被许可方实施该专利申请技术时,要派出合格的技术人员到被许可方现场进行技术指导,并负责培训被许可方的具体工作人员。被许可方接受许可方培训的人员应该符合许可方的合理要求。(确定被培训人员标准)

3.被许可方可派出人员到许可方接受培训和技术指导。

4.技术服务与培训质量,应以被培训人员能够掌握技术为准。(确定具体标准)

5.技术服务与培训所发生的一切费用,由被许可方承担。

6.许可方完成技术服务与培训后,经双方验收合格共同签署验收证明文件。

第九条 后续改进的提供与分享

1.合同有效期内,任何一方对合同技术所做的改进应及时通知对方。

2.有实质性的重大改进和发展,申请专利的权利由合同双方当事人约定。没有约定的,其申请专利的权利归改进方,对方有优先、优价被许可,或者免费使用该技术的权利。

3. 属原有基础上的较小的改进,双方免费互相提供使用。

4. 对改进的技术还未申请专利时,另一方对改进技术承担保密义务,未经许可不得向他人披露、许可或转让该技术。

5. 属双方共同作出的重大改进,申请专利的权利归双方共有,另有约定除外。

第十条　违约及索赔

对许可方:

1. 许可方拒不提供合同所规定的技术资料、技术服务及培训,有权终止合同,并要求支付违约金＿＿。被许可方有权解除合同,要求许可方返还使用费,并支付违约金＿＿。

2. 许可方无正当理由逾期向被许可方交付技术资料,提供技术服务及培训的,每逾期一周,应向被许可方支付违约金＿＿,逾期超过＿＿日,被许可方有权终止合同,并要求许可方返还使用费。

3. 在排他实施许可中,许可方向被许可方以外的第三方许可该专利技术,被许可方有权终止合同,并要求支付违约金＿＿。

4. 在独占实施许可中,许可方自己实施或许可被许可方以外的第三方实施该专利技术,被许可方有权要求许可方停止这种实施许可行为,也有权终止本合同,并要求许可方支付违约金＿＿。

对被许可方:

1. 被许可方拒付使用费的,许可方有权解除合同,要求返还全部技术资料,并要求赔偿其实际损失,并支付违约金＿＿。

2. 被许可方逾期支付使用费的,每逾期＿＿日,要支付给许可方违约金＿＿＿，逾期超过＿＿＿日，许可方有权终止合同，并要求支付违约金＿＿＿。

3.被许可方违反合同规定，扩大对被许可技术的许可范围，许可方有权要求被许可方停止侵害行为，并赔偿损失，支付违约金＿＿＿，并有权终止合同。

4.被许可方违反合同的保密义务，致使许可方的技术秘密泄露，许可方有权要求被许可方停止违约行为，并支付违约金＿＿＿。

第十一条 侵权的处理

1.对合同有效期内，如有第三方指控被许可方实施的技术侵权，许可方应负一切法律责任。

2.合同双方任何一方发现第三方侵犯许可方的专利权时，应及时通知对方，由许可方与侵权方交涉，或负责向专利管理机关提出请求或向人民法院提起诉讼，被许可方应予以协助。

第十二条 专利权被撤销和被宣告无效的处理

1.在合同有效期内，许可方的专利权被撤销或被宣告无效时，如无明显违反公平原则，且许可方无恶意给被许可方造成损失，则许可方不必向被许可方返还专利使用费。

2.在合同有效期内，许可方的专利权被撤销或被宣告无效时，因许可方有意给被许可方造成损失，或明显违反公平原则，则许可方应全部返还专利使用费，合同终止。

第十三条 不可抗力

1.发生不以双方意志为转移的不可抗力事件，妨碍履行本合同义务时，双方当事人应做到：

（1）采取适当措施减轻损失；

（2）及时通知对方当事人；

（3）出具合同不能履行的证明；

2. 发生不可抗力事件（合理期间）内，合同延期履行。

3. 发生不可抗力事件在＿＿＿情况下，合同只能履行某部分（具体条款）。

4. 发生不可抗力事件，持续时间超过＿＿＿（具体时间），本合同终止。

第十四条　税费

1. 对许可方和被许可方均为中国公民或法人的，本合同所涉及的使用费应纳的税，按照《中华人民共和国税法》，由许可方纳税。

2. 对许可方为境外居民或单位的，按照《中华人民共和国外商投资企业和外国企业所得税法》，由许可方纳税。

3. 对许可方为中国公民或法人的，而被许可方是境外单位或个人的，则按对方国家或地区税法纳税。

第十五条　争议解决办法

1. 双方在履行合同中发生争议的，应按合同条款，友好协商，自行解决。

2. 双方不能协商解决争议的，提请＿＿＿专利管理机关调处，对调处不服，向人民法院起诉。

3. 双方发生争议，不能和解的，向人民法院起诉。

4. 双方发生争议，不能和解的，提请＿＿＿仲裁委员会仲裁。

注：2、3、4只能选其一。

第十六条　合同的生效、变更与终止

1. 本合同自双方签字、盖章之日起生效，合同有效期为＿＿＿年。（不得超过专利的有效期）

> 2.（对独占实施许可合同）被许可方无正当理由不实施该专利技术的，在合同的生效日后＿＿＿（时间），本合同自行变更为普通实施许可合同。
>
> 3. 由于被许可方原因，致使本合同不能正常履行的，本合同即告终止，或双方另行约定变更本合同有关条款。
>
> **第十七条　其他**
> 前面十六条没有包含，但需要特殊约定的内容。

（来源：国家知识产权局）

提示

1. 关注专利法律法规的变化，依法签订合同条款。

2. 关注合同当事人所在国（所在地）的专利法律法规签订合同条款。

第四节
合同订立、履行、归档保管工作

一、合同订立管理

1. 审核合同相对人的主体资格、资信情况，以免合同相对人主体资格、资信情况不符合合同交易的要求，导致企业权益受损。

2. 合同当事人对合同目的、条款认真磋商，保证合同内容完整、可行。

3. 合同条款合规合法,以免企业遭受损失。

4. 合同文稿按企业合同管理制度通过会审、审批程序。

5. 授权企业代表与合同相对人订立书面合同。

二、合同履行管理

(一)特别注意合同的变更事项

合同任何一方要求对合同进行变更,经合同当事人协商一致,应当签订书面协议。变更合同要载明详细具体的变更内容:变更前的合同条款,变更后的合同条款;千万不要笼统地表述为原合同与本合同不一致的条款均以本合同为准,容易产生争议。

(二)合同纠纷处理

1. 具备一定条件才能签订的合同,先签订意向书,约定具备某种条件、期限、义务人。

2. 不要轻易交付各种名义的资金给对方,避免资金损失。应对措施:合同当事人设立共管账户,以保障合同当事人各方的合法权益。

3. 己方违约,要主动积极与对方协商解决,或者变更合同,或者承担相应责任、履行有关义务。

4. 对方违约的,己方可以采取下列措施:(1)要求对方继续履行合同;(2)要求对方支付违约金;(3)要求对方赔偿损失。

5. 合同纠纷处理:(1)合同当事人通过自行协商或者调解解决合同纠纷;(2)合同当事人不能自行协商或者调解解决,应按照合同约定的仲裁或者诉讼解决。

(三)合同签约和履行配套参考文书

1. 合同签约管理表格

（1）法人委托授权申请书；（2）法人委托书发放记录登记表；（3）合同专用章申请书；（4）合同专用章发放记录登记表；（5）需方资信调查表；（6）合同评审记录表；（7）合同审核会签表；（8）特殊合同评审表；（9）合同登记表；（10）合同变更申请表；（11）合同变更通知单。

2. 合同跟踪表格

（12）合同执行月度记录表；（13）订单出货管理表。

3. 合同回款管理表格

（14）货款回收统计表；（15）经营人员货款回收情况奖惩表；（16）欠款催收函。

三、合同归档保管管理

1. 各部门所有合同施行分类整理、归档、保管(设置《××××公司合同台账登记表》)，根据业务内容暂定分类，如建设工程类、购销类、劳动人事类、地方关系等类。

2. 各部门所有合同采用下列编号：年度＋项目＋合同分类＋编码(3位数)。例如，(2022)××建字第××号，即2022年度××建设工程××号合同。如果合同进行变更或者补充则合同号相应增加"补"字，其后编号采用2位数，其他不变。合同编号为己方内部归档整理使用，在对方原件上不予填写，只在合同会签表上编写，至合同签订后由合同管理人员在己方留存的文本右上角上书写。

3. 各部门所有合同采用法务部（或者法律顾问）审定的合同版本、合同会签单（设置《××××公司合同会签表》），严格按照规定实行会签程序。

4. 各部所签订的合同原件由合同部（办公室）统一编号、整理、归档、保管。各部可以留存合同复印件。

5. 各部签订的合同必须留存对方材料，即个人的留存身份证复印件等，企业单位的留存企业相关材料、授权书、被授权人的身份证复印件等。

6. 其他未尽事宜，按照行政管理规定处理。

本章小结

- 关于典型合同与非典型合同。

  （1）典型合同，《民法典》共规定了买卖合同等19种典型合同，相当于19类合同。

  （2）非典型合同，是在交易实践中创设的许多与典型合同不同名称的合同，称之为非典型合同。

  （3）非典型合同的主要条款，一方面可以参照有关典型合同的条款，另一方面可以规定具体合同个性化条款。

  （4）非典型合同的法律适用：一方面可以类推适用有关典型合同的规定，另一方面在无可供类推适用的典型合同类型时，就要适用《民法典》合同编通则以及《民法典》总则部分的规定。

- 关于合同当事人权利保护。《民法典》总则、合同编、物权编有关规定有利于促进市场交易,保障当事人合同权益,如合同保全、定金、违约金、抵押、质押、担保、解除权和撤销权等法律制度,可以在具体的合同中依法合理使用。

- 建立包括合同签订前的准备、签订过程、履行过程、合同档案管理制度。

- 标的复杂或资金额度大的合同,对标的要经过尽职调查、论证、评审和批准等程序。

第五章

企业劳动用工的法律事务

如何依法招聘员工?

如何规定企业与员工的权利义务?

如何依法处理劳动纠纷?

上述问题事关企业能否招聘到合适的员工,留住需要的员工,也事关企业人才团队的组建和企业的发展。人才是企业发展的根基,是企业发展的核心要素。为了实现企业与员工的共赢,请仔细阅读本章。

第一节
概　述

企业要用工，劳动者要就业，双方相互依存。企业要使用劳动者，双方应当依法签订劳动合同。企业与劳动者双方都应严格履行劳动合同，享受权利，履行义务。鉴于我国劳动法律、行政法规政策条文相当庞杂，本章篇幅有限，仅侧重于劳动合同相关法律问题。

第二节
劳动用工的法律制度

本节从小微企业实用性角度，提纲挈领式地介绍劳动用工基本法律法规、劳动用工业务流程、劳动用工目标、劳动用工的法律制度。

一、企业劳动用工基本法律法规

1.《中华人民共和国劳动法》（2018年12月29日第2次修正），对促进就业、劳动合同和集体合同、工作时间和休息休假、工资、劳动安全卫生、女职工和未成年工特殊保护、职业培训、社会保险和福利、劳动争议、监督检查、法律责任等问题作出规定。该法是规范劳动关系的基础法律。

2.《中华人民共和国劳动合同法》(2012年12月28日修正),对劳动合同订立、劳动合同的履行和变更、劳动合同的解除和终止、特别规定(集体合同、劳务派遣、非全日制用工)、监督检查、法律责任作出规定。该法就劳动合同方面进一步完善了《劳动法》。

3.《中华人民共和国劳动争议调解仲裁法》(2008年5月1日施行),对调解、仲裁等问题作出规定。

4.《中华人民共和国社会保险法》(2018年10月29日修正),对基本养老保险、基本医疗保险、工伤保险、失业保险、生育保险、社会保险费征缴、社会保险基金、社会保险承办、社会保险监督、法律责任等问题作出规定。

5.《中华人民共和国安全生产法》(2021年6月10日修正)。

6.最高人民法院《关于审理劳动争议案件适用法律问题的解释(一)》(法释〔2020〕26号,2021年1月1日起施行),对企业制定劳动规章制度,处理劳动纠纷具有重要的指导作用。

7.人力资源社会保障部、最高人民法院《关于审理劳动人事争议仲裁与诉讼衔接有关问题的意见(一)》(2021年2月21日发布)。

二、企业办理劳动用工业务基本流程

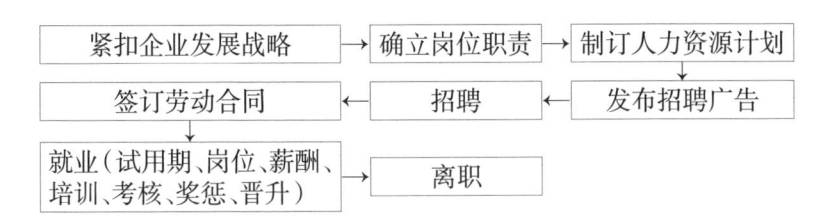

紧扣企业发展战略 → 确立岗位职责 → 制订人力资源计划

签订劳动合同 ← 招聘 ← 发布招聘广告

就业(试用期、岗位、薪酬、培训、考核、奖惩、晋升) → 离职

三、企业劳动用工工作目标

1. 合理配置人力资源。

2. 建立合理的考核制度,引导员工工作目标与企业目标相结合。

3. 建立具有竞争力的薪酬制度,保持并吸引优秀人才。

4. 建立培训制度,提高员工的道德素养和专业能力。

5. 引入竞争机制,规范招聘与离职程序,优胜劣汰,使企业人才合理流动。

第三节
签订、履行劳动合同的法律事务

一、劳动合同的基本条款

劳动合同内容有强制性规定和任意性规定。

1. 用人单位的名称、住所和法定代表人或者主要负责人;劳动者的姓名、住址和居民身份证或者其他有效身份证件号码;

2. 劳动合同期限;

3. 工作内容和工作地点;

4. 工作时间和休息休假;

5. 劳动报酬;

6. 社会保险;

7.劳动保护、劳动条件和职业危害防护。

上述7个方面的内容,包括法律法规规定应当纳入劳动合同的其他事项,即强制性的规定。

除此之外,法律也允许用人单位与劳动者之间其他事项约定采取任意性规定,也就是各用人单位和劳动者可以根据实际情况自由约定一些劳动合同条款。

二、劳动合同文本

一般使用政府主管部门的劳动合同指导版本,或者在政府指导版本的基础上设计企业劳动合同版本。企业自己设计劳动合同未尝不可,但必须依据《劳动合同法》采取保留法律强制规范的协议条款,添加用人单位与劳动者自愿达成的协议条款的方式。

劳动合同

甲方(用人单位)名称:_____ 住所地:_____ 统一社会信用代码:_____ 电话:_____ 法定代表人(主要负责人):_____ 职务:_____。

乙方(劳动者)姓名:_____ 性别:____ 民族:____ 公民身份号码:_____ 户籍地址:_____ 现在居住住址:_____ 联系电话:_____。

根据《中华人民共和国劳动法》《中华人民共和国劳动合同法》(以下简称《劳动合同法》)和有关法律、法规,甲乙双方本着平等自愿的原则,经协商同意订立本合同,并共同遵守履行。

一、合同期限

第一条 本合同为如下 ＿＿＿＿ 种类的劳动合同:

(1)固定期限劳动合同:本合同于＿＿年＿＿月＿＿日生效,其中试用期至＿＿年＿＿月＿＿日止。本合同于＿＿年＿＿月＿＿日终止。

(2)以完成一定工作任务为期限:本合同于＿＿年＿＿月＿＿日生效,于＿＿年＿＿月＿＿日终止。

二、工作内容和工作地点

第二条 乙方同意在＿＿＿＿＿＿岗位(工种)工作。

第三条 乙方的工作地点为＿＿＿＿＿＿。根据甲方工作需要,乙方同意工作岗位、工作地点相应调整。

三、工作时间和休息休假

第四条 甲方安排乙方执行如下第＿＿＿＿种工时制度。

(一)标准工时制度;

(二)不定时工作制度;

(三)综合计算工时工作制度。

甲乙双方必须严格执行国家有关工作时间的规定,对执行本条(一)项工作制的,乙方每日工作不超过 8 小时,每周工作时间 40 小时,每周至少休息一天。甲方由于生产需要,经与工会或者乙方协商后,可以延长工作时间,一般每天不得超过 1 小时,因特殊原因,在保障乙方身体健康的条件下,每天不得超过 3 小时,每月不得超过 36 小时。对执行本条(二)项、(三)项工作制的,甲方在保障乙方身体健康并听取乙方本人意见的基础上,采取集中工作、集中休息、轮休调休、弹性工作时间等适当方式，确保乙方的休息、休假权利和生产、工作任务的完成。甲方保证乙方享受法定假日、带薪年休假等休假权利。

四、劳动报酬

第五条　甲方支付乙方的工资报酬为：

（一）乙方在试用期的工资_____元／月（不低于本合同约定工资的80%，且不低于甲方所在地政府规定的最低工资标准。

（二）试用期满后，乙方月工资_____元，工资形式为（　　）。1. 计时工资；2. 计件工资。

根据甲方的工资分配制度，经甲乙双方协商一致，在合同期内甲方为乙方调增（减）的月工资作为本合同的月工资（不低于甲方所在地政府规定的最低工资标准）。

（三）乙方工资支付形式为（　　）。1. 银行代发；2. 现金支付。

（四）甲方以法定货币按月足额支付乙方工资，并向乙方提供工资单。工资发放日为每月____日，如遇节假日或者休息日，应当提前支付。

（五）乙方加班工资、休假日工资、津贴、补贴、奖金的确定和发放以及特殊情况下的工资支付，均按有关法律、法规、规章以及甲方依法制定的有关规章制度执行。

五、社会保险

第六条　甲方按规定为乙方办理参加社会保险的相关手续，按时缴纳社会保险费用。社会保险个人缴纳部分，甲方规定从乙方工资中代扣代缴。

第七条　乙方在孕期、产期、哺乳期应享受的假期相应待遇，按生育保险、女职工劳动保护等有关规定执行。

第八条 乙方职业病或因(公)负伤(死亡)的待遇、患病或非因工负伤(死亡)的待遇及医疗补助费发放,均按工伤保险、医疗保险及相关规定执行。

六、劳动保护、劳动条件和职业危害防护

第九条 甲乙双方都必须严格执行国家安全生产的法律法规,遵守劳动保护、职业危害防护等有关规定。

第十条 甲方应为乙方提供符合国家规定的劳动保护设施、设备、劳动防护用品及其他劳动保护条件。

第十一条 乙方应严格遵守各项安全操作规程和甲方依法制定的有关规章制度。如甲方违章指挥、强令冒险作业,乙方有权拒绝。

第十二条 甲方必须严格执行国家有关职业病防治法的有关规定,对具有职业病危害(如接触粉尘、放射性物质和其他有毒有害的物质)的岗位(工种),甲方应如实告知乙方有关职业病危害及其后果、职业病防护措施和待遇,并采取符合国家职业卫生要求的预防措施和防护设施。

第十三条 乙方从事具有职业病危害岗位(工种)的,甲方应组织乙方进行上岗前、在岗期间及离岗前的职业健康检查,及时如实告知乙方检查情况,并为乙方建立职业健康监护档案。

七、劳动合同的解除、变更和终止

第十四条 经甲、乙双方协商一致后,可以变更合同,并及时办理书面变更手续。

第十五条 除《劳动合同法》第38条规定的情形外,乙方解除

劳动合同,应提前30日以书面形式通知甲方。在试用期解除劳动合同的,应提前3日通知甲方。

第十六条 符合《劳动合同法》第39条、第40条、第41条规定情形的,甲方可以解除劳动合同,但有《劳动合同法》第42条规定情形的,甲方不得依据《劳动合同法》第40条、第41条的规定解除劳动合同。

第十七条 符合《劳动合同法》及国家、省、市规定的有关劳动合同终止情形的,劳动合同终止。

第十八条 工伤职工、患职业病职工劳动合同的解除或终止,依照国家有关工伤保险的规定执行。

第十九条 符合《劳动合同法》第46条规定之一的,甲方应按有关法律、法规的规定,向乙方支付经济补偿金。

第二十条 甲方应当在解除或者终止劳动合同时,出具解除或者终止劳动合同的证明,并在15日内为乙方办理档案和社会保险关系转移手续。乙方应当按照双方约定,办结工作交接手续。

八、其他约定事项

第二十一条 甲方按法定程序,依法制定单位规章制度,并予以公示或者告知乙方,乙方应严格遵守甲方依法制定的规章制度。

第二十二条 履行本合同发生争议,甲乙双方应当协商解决,或者向本单位(或者甲方所在地的乡镇、街道等)劳动争议调解委员会申请调解;协商不成或者不愿调解的,应在劳动争议发生之日起60日内,向甲方所在地劳动争议仲裁委员会申请仲裁。

> **第二十三条** 本合同条款与现行法律、法规相抵触的，以及本合同未尽事宜，均按现行法律、法规的规定执行。
>
> **第二十四条** 本合同至少一式两份，经甲乙双方签名（盖章）后生效，甲乙双方各执一份。甲方对已经解除或者终止的劳动合同文本，至少保存三年备查。
>
> 甲方（盖章）　　　　　乙方（签字）
>
> 法定代表人（主要负责人）或委托代理人（签字）
>
> 合同订立日期：　　　　年　　　月　　　日
>
> 合同履行起始日期：　　　年　　　月　　　日

（来源：据宁波市劳动和社会保障局办公室2017年12月24日印发范本整理）

三、签订与履行劳动合同应注意的法律问题

（一）合同当事人具有知情权

1. 合同当事人具有相互告知己方基本情况的义务，具有相互了解对方基本情况的权利。

2. 应聘方应当向招聘方提供与劳动合同直接相关的基本信息，如身份证件基本信息、联系方式、身体健康状况、学历、工作经历、技术能力证明、已经不存在其他劳动关系等信息。

3. 招聘方应当向应聘方提供与劳动合同直接相关的基本信息，如招聘岗位、职位、岗位职责、工作内容、工作地点、薪酬结构、工作条件、职业危害、安全生产状况等基本信息。

> **提示**
>
> 1.合同当事人有义务相互如实告知与劳动合同直接相关的基本信息。
>
> 2.保障合同当事人知情权,有效保护双方合法权益。
>
> 3.防范劳动用工以及合同法律风险的必要措施。
>
> (1)《劳动合同法》第8条规定,用人单位有权了解劳动者与劳动合同直接相关的基本情况。
>
> (2)《劳动合同法》第91条规定,用人单位招用其他用人单位尚未解除或者终止劳动合同的劳动者,对其他用人单位造成经济损失的,应当承担连带赔偿责任。

(二)用人单位劳动用工必须签订劳动合同

1.劳动关系的建立日期。用人单位自用工之日起即与劳动者建立劳动关系。

2.建立劳动关系,应当订立书面劳动合同。应当自用工之日起一个月内订立劳动合同。

3.不依法签订劳动合同,用工单位要承担不利后果,如双倍工资罚则——用工单位可能要向劳动者支付11个月内的双倍工资差额部分资金。

> **提示**
>
> 《劳动合同法》第82条第1款规定,用人单位自用工之日起超过一个月不满一年未与劳动者订立书面劳动合同的,应当向劳动者每月支付两倍的工资。

> **案例**
>
> **劳动关系认定**
>
> 关键词：具有事实劳动关系，即使未订劳动合同，也应当认定劳动关系
>
> 案号：北京市第三中级人民法院（2020）民申字第472号民事裁定书
>
> 案情：田甲于2017年2月2日入职展览中心，每月工资3000元，双方未订劳动合同。田甲于2017年4月14日在前往工作地点途中因交通事故死亡。田甲之女田乙以展览中心为被申请人申请劳动仲裁，请求认定田甲与展览中心具有劳动关系。劳动仲裁院驳回田乙申请。田乙诉至北京市朝阳区人民法院。
>
> 法院审理认为，据《劳动合同法》第7条规定，用人单位自用工之日起即与劳动者建立劳动关系。本案双方虽未签订劳动合同，但展览中心在用工之后即与田甲建立劳动关系。田甲是在从事展览中心安排的劳动时死亡，是展览中心业务一部分。展览中心认为双方没有劳动关系，法院认为展览中心没有提供有效证据证明，法院裁定确认田甲与展览中心具有劳动关系。再审法院维持原审裁定意见。

（三）遵守劳动用工试用期期限规定

1. 劳动合同期限三个月以上不满一年的，试用期不得超过一个月；

2. 劳动合同期限一年以上不满三年的，试用期不得超过两个月；

3. 三年以上固定期限和无固定期限的劳动合同,试用期不得超过六个月。

4. 以完成一定工作任务为期限的劳动合同或者劳动合同期限不满三个月的,没有试用期。

(四)遵守工作时间的规定

1. 劳动者工作时间每日不超过 8 小时,平均每周不超过 44 小时。

2. 对延长工作时间的限制:一般每日不超过一小时,特殊情况每日不超过 3 小时,每月不得超过 36 小时。

3. 劳动者加班没有补休的补偿:支付不低于工资的百分之一百五十的工资报酬;休息日加班的,支付不低于工资的百分之二百的工资报酬;法定节假日加班的,支付不低于工资的百分之三百的工资报酬。

(五)用人单位可以解除劳动合同的法律规定

1. 用人单位可以解除劳动合同的法定情形。

(1)劳动者有下列情形之一的,用人单位可以解除劳动合同:

①在试用期被证明不符合录用条件的;

②严重违反用人单位的规章制度的;

③严重失职,营私舞弊,给用人单位造成重大损害的;

④劳动者同时与其他用人单位建立劳动关系,对完成本单位的工作任务造成严重影响,或者经用人单位提出,拒不改正的;

⑤因出现法律规定的情形致劳动合同无效的;

⑥被依法追究刑事责任的。

(2)有下列情形之一的,用人单位提前 30 日以书面形式通

知劳动者本人或者额外支付劳动者一个月工资后,可以解除劳动合同:

①劳动者患病或者非因工负伤,在规定的医疗期满后不能从事原工作,也不能从事由用人单位另行安排的工作的;

②劳动者不能胜任工作,经过培训或者调整工作岗位,仍不能胜任工作的;

③劳动合同订立时所依据的客观情况发生重大变化,致使劳动合同无法履行,经用人单位与劳动者协商,未能就变更劳动合同内容达成协议的。

2. 具有劳动合同约定解除的情形,用人单位可以解除劳动合同。

(提示)

《劳动合同法》第87条规定,用人单位违反本法规定解除或者终止劳动合同的,应当依照本法第47条规定的经济补偿标准的两倍向劳动者支付赔偿金。

(六)劳动者可以解除劳动合同的法律规定

1. 用人单位有下列情形之一,劳动者可以解除劳动合同:

(1)未按照劳动合同约定提供劳动保护或者劳动条件的;

(2)未及时足额支付劳动报酬的;

(3)未依法为劳动者缴纳社会保险费的;

(4)用人单位的规章制度违反法律、法规的规定,损害劳动者权益的;

(5)因《劳动合同法》第26条第1款规定的情形致使劳动合同无效的;

（6）法律、行政法规规定劳动者可以解除劳动合同的其他情形。

2. 具有劳动合同约定解除的情形，劳动者可以解除劳动合同。

提示

> 劳动合同当事人，应当依法签订并履行劳动合同，否则，可能承担违反法律、违约的法律责任。《劳动合同法》第90条规定，劳动者违反本法规定解除劳动合同，或者违反劳动合同中约定的保密义务或者竞业限制，给用人单位造成损失，应当承担赔偿责任。

（七）用人单位和劳动者须依法参加社会保险，缴纳社会保险费

（八）遵守用人单位规章制度的法律规定

企业规章制度是企业治理、企业经营管理的依据，也是劳动合同的配套文件。

1. 用人单位应当依法建立和完善劳动规章制度。

2. 用人单位规章制度的制定程序要合法，即规章制度方案至少要经过职工代表协商确定，涉及劳动者切身利益的规章制度和重大事项决定要进行公示，或者告知劳动者，规章制度的内容要让员工知晓。

3. 用人单位规章制度的内容要合法，规章制度的内容要让员工知晓。

（九）遵守《保密协议》《竞业限制协议》

1. 法律规定

《劳动合同法》第23条规定用人单位与劳动者可以在劳动合同中约定保守用人单位的商业秘密和与知识产权相关的保密事项。

对负有保密义务的劳动者，用人单位可以在劳动合同或者保密协议中与劳动者约定竞业限制条款，并约定在解除或者终止劳动合同后，在竞业限制期限内按月给予劳动者经济补偿。劳动者违反竞业限制约定的，应当按照约定向用人单位支付违约金。

2.《保密协议》

保密协议为用人单位与劳动者约定劳动者在本单位工作期间及离职后的一定期间不得泄露本单位商业秘密的协议。

保密协议所指的商业秘密一般是依据《反不正当竞争法》第9条的规定，是指不为公众所知悉、具有商业价值并经权利人采取相应保密措施的技术信息、经营信息。

3.《竞业限制协议》

是指用人单位为保守商业秘密和维持竞争优势，国家法律规定或者合同约定，禁止劳动者在用人单位工作期间以及离职后一定期限内从事与用人单位有竞争关系的业务或者到与用人单位存在竞争关系的企业任职的协议。

《劳动合同法》第24条规定了竞业限制人员、范围、期限等。

《合伙企业法》第32条规定，竞业禁止和限制合伙人同本合伙企业交易。

《个人独资企业法》第20条规定，管理人员的禁止行为：如未经投资人同意，从事与本企业相竞争的业务；泄露本企业的商业秘密。

（十）遵守培训协议

用人单位与劳动者约定，由用人单位提供专项培训费用，对劳动者进行技术培训,劳动者在用人单位服务期违约,承担违约责任的协议。

第四节
劳动用工管理制度介绍

1.《高管人员引进管理办法》包括引进原则及条件、程序、待遇与政策等内容。

2.《专业技术人员引进管理办法》包括引进范围条件、招聘与选定等内容。

3.《员工培训管理制度》包括入职培训、脱产培训、岗位轮换、培训评估与档案管理等内容。

4.《绩效考核实施办法》包括制订绩效考核计划、考核实施、绩效沟通与反馈等内容。

5.《薪酬福利管理制度》包括薪酬构成、员工工资的确定、绩效奖金(绩效奖金的计算公式、年终奖金、创新基金、优秀建议奖、特殊贡献奖)、保险福利、节假日带薪休假等内容。

6.《员工离职管理办法》包括员工离职申请表、离职交接单等内容。

第五节
最高人民法院劳动合同纠纷裁判类案例选摘

  2022年7月4日最高人民法院发布第32批共7件指导性案例，主要为保护劳动者合法权益类案例，供各级人民法院审判类似案件时参照。这些案例对处理企业与劳动者的劳动关系，规范劳动用工从招聘、劳动合同的订立、履行、解除到合同后义务遵守等都具有警示和指导意义，故予以摘录。

一、聂某某诉北京林氏兄弟文化有限公司确认劳动关系案

关键词： 民事／确认劳动关系／合作经营／书面劳动合同

裁判要点： 1.劳动关系适格主体以"合作经营"等为名订立协议，但协议约定的双方权利义务内容、实际履行情况等符合劳动关系认定标准，劳动者主张与用人单位存在劳动关系的，人民法院应予支持。2.用人单位与劳动者签订的书面协议中包含工作内容、劳动报酬、劳动合同期限等符合《劳动合同法》第17条规定的劳动合同条款，劳动者以用人单位未订立书面劳动合同为由要求支付第二倍工资的，人民法院不予支持。

相关法条：《劳动合同法》第10条、第17条、第82条

基本案情： 2016年4月8日，聂某某与北京林氏兄弟文化有限公司（以下简称林氏兄弟公司）签订了《合作设立茶叶经营项目

的协议》，内容为："第一条：双方约定，甲方出资进行茶叶项目投资，聘任乙方为茶叶经营项目经理，乙方负责公司的管理与经营。第二条：待项目启动后双方相机共同设立公司，乙方可享有管理股份。第三条：利益分配：在公司设立之前，乙方按基本工资加业绩方式取酬。公司设立后，按双方持股比例进行分配。乙方负责管理和经营，取酬方式：基本工资＋业绩、奖励＋股份分红。第四条：双方在运营过程中，未尽事宜由双方友好协商解决。第五条：合同正本一式两份，公司各股东各持一份。"

协议签订后，聂某某到该项目工作，工作内容为负责《中国书画》艺术茶社的经营管理，主要负责接待、茶叶销售等工作。林氏兄弟公司的法定代表人林某某按照每月基本工资10000元的标准，每月15日通过银行转账向聂某某发放上一自然月工资。聂某某请假需要经林某某批准，且实际出勤天数影响工资的实发数额。2017年5月6日林氏兄弟公司通知聂某某终止合作协议。聂某某实际工作至2017年5月8日。

聂某某申请劳动仲裁，认为双方系劳动关系并要求林氏兄弟公司支付未签订书面劳动合同二倍工资差额，林氏兄弟公司主张双方系合作关系。北京市海淀区劳动人事争议仲裁委员会作出京海劳人仲字（2017）第9691号裁决：驳回聂某某的全部仲裁请求。聂某某不服仲裁裁决，于法定期间向北京市海淀区人民法院提起诉讼。

裁判理由： 二审法院裁判认为，申请人林氏兄弟公司与被申请人聂某某签订的《合作设立茶叶经营项目的协议》系自愿签订的，不违反强制性法律、法规规定，属有效合同。对于合同性质的认定，应当根据合同内容所涉及的法律关系，即合同双方所设立的权利义务来进行认定。双方签订的协议第一条明确约定聘任聂某某为茶叶经营项目经理，"聘任"一词一般表明当事人有雇佣劳动者为其提供劳动之意；协议第三条约定了聂某某的取酬方式，无论在双方设定的目标公司成立之前还是之后，聂某某均可获得"基本工资""业绩"等报酬，与合作经营中的收益分配明显不符。合作经营合同的典型特征是共同出资，共担风险，本案合同中既未约定聂某某出资比例，也未约定共担风险，与合作经营合同不符。从本案相关证据看，聂某某接受林氏兄弟公司的管理，按月汇报员工的考勤、款项分配、开支、销售、工作计划、备用金的申请等情况，且所发工资与出勤天数密切相关。双方在履行合同过程中形成的关系，符合劳动合同中人格从属性和经济从属性的双重特征。

　　二审法院认为原判认定申请人与被申请人之间存在劳动关系并无不当。但一审法院以被告与原告未签订劳动合同，判决被告向原告支付未签订劳动合同期间11个月二倍工资差额103144.9元，缺乏依据，因双方签订的合作协议还可视为书面劳动合同，虽缺少一些必备条款，但并不影响已约定的条款及效力，仍可起到固定双方劳动关系、权利义务的作用。二审法院据此依法改判具有劳动关系。林氏兄弟公司于2017年5月6日向聂某某出具了《终止合作协议通知》，告知聂某某终止双方的合作，具有解除双方之间劳动关系的意思表示，根据《最高人民法院关于民事诉讼证据的若干规定》第6条，在劳动争议纠纷案件中，因用人单位作出的开除、除名、辞退、解除劳动合同等决定而发生劳动争议的，由用人单位负举证责任，林氏兄弟公司未能提供解除劳动关系原因的相关证据,应当承担不利后果。

二审法院根据本案具体情况和相关证据所作的判决,并无不当。

二、孙某某诉淮安西区人力资源开发有限公司劳动合同纠纷案

关键词:民事 / 劳动合同 / 解除劳动合同 / 合法性判断

裁判要点:人民法院在判断用人单位单方解除劳动合同行为的合法性时,应当以用人单位向劳动者发出的解除通知的内容为认定依据。在案件审理过程中,用人单位超出解除劳动合同通知中载明的依据及事由,另行提出劳动者在履行劳动合同期间存在其他严重违反用人单位规章制度的情形,并据此主张符合解除劳动合同条件的,人民法院不予支持。

相关法条:《劳动合同法》第39条

基本案情:2016年7月1日,孙某某(乙方)与淮安西区人力资源开发有限公司(甲方)签订劳动合同,约定:劳动合同期限为自2016年7月1日至2019年6月30日;乙方工作地点为连云港,从事邮件收派与司机岗位工作;乙方严重违反甲方的劳动纪律、规章制度的,甲方可以立即解除本合同且不承担任何经济补偿;甲方违约解除合作终止劳动合同的,应当按照法律规定和本合同约定向乙方支付经济补偿金或赔偿金;甲方依法制度并通过公示的各项规章制度,如《员工手册》《奖励与处罚管理规定》《员工考勤管理规定》等文件作为本合同的附件,与本合同具有同等效力。之后乙方根据甲方安排,负责江苏省灌南县堆沟港镇区域的顺丰快递收派邮件工作。甲方自2016年8月25日起每月向乙方

银行账户结算工资,截至 2017 年 9 月 25 日,乙方前 12 个月的平均为 6329.82 元。2017 年 9 月 12 日、10 月 3 日、10 月 16 日,乙方先后存在工作时间未穿工作服、代他人刷考勤卡、在单位公共平台留言辱骂甲方主管等违纪行为。事后,甲方根据《奖励与处罚管理规定》,由用人部门、工会、人力资源部门负责人共同签署确认,对乙方上述违纪行为分别给予扣 2 分、扣 10 分、扣 10 分处罚,但具体扣分处罚时间难以认定。2017 年 10 月 17 日,乙方被所在单位用人部门以未及时上交履职期间的营业款项为由安排停工。次日,乙方至所在单位刷卡考勤显示刷卡信息无法录入。10 月 25 日,甲方出具离职证明,载明乙方自 2017 年 10 月 21 日从甲方正式离职,已办理完毕手续,即日起与甲方无任何劳动关系。10 月 30 日,甲方又出具解除劳动合同通知书,载明乙方在未履行请假手续也未经任何领导批准情况下,自 2017 年 10 月 20 日起无故旷工 3 天以上,依据国家相关法律法规及单位规章制度,经单位研究决定自 2017 年 10 月 20 日起与乙方解除劳动关系,限于 2017 年 11 月 15 日前办理相关手续,逾期未办理,后果自负。之后,乙方向江苏省灌南县劳动人事争议仲裁委员会申请仲裁,仲裁裁决后乙方不服,遂诉至法院,要求甲方支付违法解除劳动合同赔偿金 68500 元。

裁判理由:法院生效裁判认为,用人单位单方解除劳动合同是根据劳动者存在违法违纪、违反劳动合同的行为,对其合法性的评价也应以作出解除劳动合同决定时的事实、证据和相关法律规定为依据。用人单位向劳动者送达的解除劳动合同通知书,是用人单位向劳动者作出解除劳动合同的意思表示,对用人单位具有法律约束力。解除劳动合同通知书明确载明解除劳动合同的依据及事由，人民法院审理解除劳动合同纠纷案件时应以该决定作出时的事实、证据和法律为标准进行审查，不宜超出解除劳动合同通知书所载明的内容和范围。否则，将偏离劳资双方所争议的解除劳动合同行为的合法性审查内容，导致法院裁判与当事人诉讼请求以及争议焦点不一致；同时，也违背民事主体从事民事活动所应当秉持的诚实信用这一基本原则，造成劳资双方权益保障的失衡。

本案中，孙某某与西区公司签订的劳动合同系双方真实意思表示，合法有效。劳动合同附件《奖励与处罚管理规定》作为用人单位的管理规章制度，不违反法律、行政法规的强制性规定，合法有效，对双方当事人均具有约束力。根据《奖励与处罚管理规定》，员工连续旷工3天（含）以上的，公司有权对其处以第五类处罚责任，即解除合同、永不录用。西区公司向孙某某送达的解除劳动合同通知书明确载明解除劳动合同的事由为孙某某无故旷工达3天以上，孙某某诉请法院审查的内容也是西区公司以其无故旷工达3天以上而解除劳动合同行为的合法性，故法院对西区公司解除劳动合同的合法性审查也应以解除劳动合同通知书载明的内容为限，而不能超越该诉争范围。虽然西区公司在庭审中另提出孙某某在工作期间存在不及时上交营业款、未穿工服、代他人刷考勤卡、在单位公共平台留言辱骂公司主管等其他违纪行为，也是严重违反用人单位规章制度，公司仍有权解除劳动合同，但是根据在案证据及西区公司的陈述，西区公司在已知孙某某存在上述行为的情况下，没有提出解除劳动合同，而是主动提出重新安排孙某某从事其他工作，在向孙某某出具解除劳动合同通知书时也没有将上述行为作为解除劳动合同的理由。对于西区公司在诉讼期间提出的上述主张，法院不予支持。

西区公司以孙某某无故旷工达 3 天以上为由解除劳动合同，应对孙某某无故旷工达 3 天以上的事实承担举证证明责任。但西区公司仅提供了本单位出具的员工考勤表为证，该考勤表未经孙某某签字确认，孙某某对此亦不予认可，认为是单位领导安排停工并提供刷卡失败视频为证。因孙某某在工作期间被安排停工，西区公司之后是否通知孙某某到公司报到、如何通知、通知时间等事实，西区公司均没有提供证据加以证明，故孙某某无故旷工 3 天以上的事实不清，西区公司应对此承担举证不能的不利后果，其以孙某某旷工违反公司规章制度为由解除劳动合同，缺少事实依据，属于违法解除劳动合同。

案例意义：该案明确了人民法院在判断用人单位单方解除劳动合同行为的合法性时，应当以用人单位向劳动者发出的解除通知的内容为认定依据；对于用人单位超出解除劳动合同通知中载明的依据及事由，在案件审理过程中另行提出的理由，人民法院不予支持。本案例细化了用人单位单方解除劳动合同行为合法性的判断标准，有助于引导用人单位遵守诚实信用原则，有利于保障劳动者的合法权益，对构建和谐劳动关系具有积极意义。

三、郑某诉霍尼韦尔自动化控制（中国）有限公司劳动合同纠纷案

关键词：民事 / 劳动合同 / 解除劳动合同 / 性骚扰 / 规章制度

基本案情： 郑某于 2012 年 7 月入职霍尼韦尔自动化控制（中国）有限公司（以下简称霍尼韦尔公司），担任渠道销售经理。2019 年 1 月 31 日，霍尼韦尔公司出具《单方面解除函》，以郑某未尽经理职责，在下属反映遭受间接上级骚扰后没有采取任何措施帮助下属不再继续遭受骚扰，反而对下属进行打击报复，在调查过程中就上述事实做虚假陈述为由，与郑某解除劳动合同。2019 年 7 月 22 日，郑某向上海市劳动争议仲裁委员会申请仲裁，要求霍尼韦尔公司支付违法解除劳动合同赔偿金 368130 元。该请求未得到仲裁裁决支持。郑某不服，以相同请求诉至上海市浦东新区人民法院。

裁判结果： 上海市浦东新区人民法院于 2020 年 11 月 30 日作出（2020）沪 0115 民初 10454 号民事判决：驳回郑某的诉讼请求。郑某不服一审判决，提起上诉。上海市第一中级人民法院于 2021 年 4 月 22 日作出（2021）沪 01 民终 2032 号民事判决：驳回上诉，维持原判。

裁判理由： 法院生效裁判认为，本案争议焦点在于：

一、霍尼韦尔公司据以解除郑某劳动合同的《员工手册》和《商业行为准则》对郑某有无约束力；二、郑某是否存在足以解除劳动合同的严重违纪行为。

一、关于争议焦点一，在案证据显示：

1. 郑某持有异议的霍尼韦尔公司《员工手册》《商业行为准则》分别于 2017 年 9 月、2014 年 12 月经霍尼韦尔公司工会沟通会议进行讨论。

2. 郑某与霍尼韦尔公司签订的劳动合同明确约定《员工手

册》《商业行为准则》属于劳动合同的组成部分，郑某已阅读并理解和接受上述制度。

3. 在《员工手册》修订后，郑某亦再次签署确认书，确认已阅读、明白并愿接受2017年版《员工手册》，愿恪守公司政策作为在霍尼韦尔公司工作的前提条件。

在此情况下，霍尼韦尔公司的《员工手册》《商业行为准则》应对郑某具有约束力。

二、关于争议焦点二：

1. 在案证据显示霍尼韦尔公司建立有工作场所性骚扰防范培训机制，郑某亦接受过相关培训。霍尼韦尔公司《商业行为准则》要求经理、主管等管理人员在下属提出担忧或问题时能够专业并及时帮助解决，不能进行打击报复。霍尼韦尔公司2017年版《员工手册》还将违反公司《商业行为准则》的行为列入会导致立即辞退的严重违纪行为范围。

2. 依据郑某自述，其在2018年8月30日谈话后应已明确知晓相关女职工与间接上级关系不好的原因，但郑某不仅未采取积极措施，反而认为相关女职工处理不当。在任某明确表示对邓某性骚扰的抗拒后，郑某于2018年11月中旬向人事经理提出任某性格不合群，希望公司能解除与任某的劳动合同，据此霍尼韦尔公司主张郑某对相关女职工进行打击报复，亦属合理推断。

3. 霍尼韦尔公司2017年版《员工手册》明确规定在公司内部调查中做虚假陈述的行为属于会导致立即辞退的严重违纪行为。霍尼韦尔公司提供的2019年1月15日调查笔录显示郑某在调查过程中存在虚假陈述情况。郑某虽称该调查笔录没有按照其所述内容记录,其不被允许修改很多内容,但此主张与郑某对该调查笔录中诸多问题的答复都进行过修改的事实相矛盾,法院对此不予采信。该调查笔录可以作为认定郑某存在虚假陈述的判断依据。

法院认为,郑某提出的各项上诉理由难以成为其上诉主张成立的依据。霍尼韦尔公司主张郑某存在严重违纪行为,依据充分,不构成违法解除劳动合同。法院判决驳回郑某的诉讼请求,即对郑某要求霍尼韦尔公司支付违法解除劳动合同赔偿金368130元的上诉请求,不予支持。

案例意义:该案明确了用人单位的管理人员对被性骚扰员工的投诉没有采取合理措施,或者存在纵容性骚扰行为、干扰对性骚扰行为调查等情形,用人单位以管理人员未尽岗位职责,严重违反规章制度为由解除劳动合同,管理人员主张解除劳动合同违法的,人民法院不予支持。该案例对于《民法典》施行后用人单位合理构建性骚扰防范处置机制,切实提升全员防范意识,有效防范职场性骚扰行为,具有一定的示范指导意义。

四、彭某某诉南京市城市建设开发(集团)有限责任公司追索劳动报酬纠纷案

关键词:民事 / 追索劳动报酬 / 奖金 / 审批义务

裁判要点:用人单位规定劳动者在完成一定绩效后可以获得奖金,其无正当理由拒绝履行审批发放奖金义务,符合奖励条件的劳动者主张获奖条件成就,用人单位应当按照规定发放奖金的,人民法院应予支持。

相关法条:《劳动法》第 4 条、《劳动合同法》第 3 条

基本案情: 南京市城市建设开发(集团)有限责任公司(以下简称城开公司)于 2016 年 8 月制定《南京城开集团关于引进投资项目的奖励暂行办法》(以下简称《奖励办法》),规定成功引进商品房项目的,城开公司将综合考虑项目规模、年化平均利润值合并表等综合因素,以项目审定的预期利润或收益为奖励基数,按照 0.1%—0.5% 确定奖励总额。该奖励由投资开发部拟定各部门或其他人员的具体奖励构成后提出申请,经集团领导审议、审批后发放。2017 年 2 月,彭某某入职城开公司担任投资开发部经理。2017 年 6 月,投资开发部形成《会议纪要》,确定部门内部的奖励分配方案为总经理占部门奖金的 75%、其余项目参与人员占部门奖金的 25%。

彭某某履职期间,其所主导的投资开发部成功引进无锡红梅新天地、扬州 GZ051 地块、如皋约克小镇、徐州焦庄、高邮鸿基万和城、徐州彭城机械六项目,后针对上述六项目投资开发部先后向城开公司提交了六份奖励申请。

直至彭某某自城开公司离职,城开公司未发放上述奖励。彭某某经劳动仲裁程序后,于法定期限内诉至法院,要求城开公司支付奖励 1689083 元。

案件审理过程中,城开公司认可案涉六项目初步符合《奖励办法》规定的受奖条件,但以无锡等三项目的奖励总额虽经审批但具体的奖金分配明细未经审批,及徐州等三项目的奖励申请未经审批为由,主张彭某某要求其支付奖金的请求不能成立。对于法院"如彭某某现阶段就上述项目继续提出奖励申请,城开公司是否启

动审核程序"的询问，城开公司明确表示拒绝，并表示此后也不会再启动六项目的审批程序。此外，城开公司还主张，彭某某在无锡红梅新天地项目、如皋约克小镇项目中存在严重失职行为，二项目存在严重亏损，城开公司已就拿地业绩突出向彭某某发放过奖励，但均未提交充分的证据予以证明。

裁判结果：南京市秦淮区人民法院于 2018 年 9 月 11 日作出（2018）苏 0104 民初 6032 号民事判决：驳回彭某某的诉讼请求。彭某某不服，提起上诉。江苏省南京市中级人民法院于 2020 年 1 月 3 日作出（2018）苏 01 民终 10066 号民事判决：一、撤销南京市秦淮区人民法院（2018）苏 0104 民初 6032 号民事判决；二、城开公司于本判决生效之日起 15 日内支付彭某某奖励 1259564.4 元。

裁判理由：二审法院裁判认为，本案争议焦点为城开公司应否依据《奖励办法》向彭某某所在的投资开发部发放无锡红梅新天地等六项目奖励。

首先，从《奖励办法》设置的奖励对象来看，投资开发部以引进项目为主要职责，且在城开公司引进各类项目中起主导作用，故其系该文适格的被奖主体；从《奖励办法》设置的奖励条件来看，投资开发部已成功为城开公司引进符合城开公司战略发展目标的无锡红梅新天地、扬州 GZ051 地块、如皋约克小镇、徐州焦庄、高邮鸿基万和城、徐州彭城机械六项目，符合该文规定的受奖条件。故就案涉六项目而言，彭某某所在的投资开发部形式上已满足用人单位规定的奖励申领条件。城开公司不同意发放相应的奖励，应当说明理由并对此举证证明。但本案中城开公司无法证明无锡红梅新天地项目、如皋约克小镇项目存在亏损，也不能证明彭某某在二项目中确实存在失职行为，其关于彭某某不应重复获奖的主张亦因欠缺相应依据而无法成立。故而，城开公司主张彭某某所在的投资开发部不符合依据《奖励办法》获得奖励的理由，法院不予采纳。

其次，案涉六项目奖励申请未经审核或审批程序尚未完成，不能成为城开公司拒绝支付彭某某项目奖金的理由。城开公司作为奖金的设立者，有权设定相应的考核标准、考核或审批流程。其中，考核标准系员工能否获奖的实质性评价因素，考核流程则属于城开公司为实现其考核权所设置的程序性流程。在无特殊规定的前提下，因流程本身并不涉及奖励评判标准，故而是否经过审批流程不能成为员工能否获得奖金的实质评价要素。城开公司也不应以六项目的审批流程未启动或未完成为由，试图阻却彭某某获取奖金的实体权利的实现。此外，对劳动者的奖励申请进行实体审批，不仅是用人单位的权利，也是用人单位的义务。本案中，《奖励办法》所设立的奖励系城开公司为鼓励员工进行创造性劳动所承诺给员工的超额劳动报酬，其性质上属于《国家统计局关于工资总额组成的规定》第7条规定中的"其他奖金"，此时《奖励办法》不仅应视为城开公司基于用工自主权而对员工行使的单方激励行为，还应视为城开公司与包括彭某某在内的不特定员工就该项奖励的获取形成的约定。现彭某某通过努力达到《奖励办法》所设奖励的获取条件，其向城开公司提出申请要求兑现该超额劳动报酬，无论是基于诚实信用原则，还是基于按劳取酬原则，城开公司皆有义务启动审核程序对该奖励申请进行核查，以确定彭某某关于奖金的权利能否实现。如城开公司拒绝审核，应说明合理理由。

本案中，城开公司关于彭某某存在失职行为及案涉项目存在亏损的主张因欠缺事实依据不能成立，该公司也不能对不予审核的行为作出合理解释，其拒绝履行审批义务的行为已损害彭某某的合法权益，对此应承担相应的不利后果。

综上，法院认定案涉六项目奖励的条件成就，城开公司应当依据《奖励办法》向彭某某所在的投资开发部发放奖励。

案例意义：该案明确了用人单位规定劳动者在完成一定绩效后可以获得奖金，对符合条件的劳动者申请发放奖金的，有义务进行审查。用人单位无正当理由拒绝履行审批义务，劳动者向人民法院主张获奖条件成就，用人单位应当按照规定发放奖金的，人民法院应予支持。本案例对于规范用人单位用工自主权，引导用人单位在劳动合同履行过程中秉持诚信原则，建立和谐、稳定、良性互动的劳动关系具有积极作用。

五、房某诉中美联泰大都会人寿保险有限公司劳动合同纠纷案

关键词：民事 / 劳动合同 / 离职 / 年终奖

裁判要点：年终奖发放前离职的劳动者主张用人单位支付年终奖的，人民法院应当结合劳动者的离职原因、离职时间、工作表现以及对单位的贡献程度等因素进行综合考量。用人单位的规章制度规定年终奖发放前离职的劳动者不能享有年终奖，但劳动合同的解除非因劳动者单方过失或主动辞职所导致，且劳动者已经完成年度工作任务，用人单位不能证明劳动者的工作业绩及表现不符合年终奖发放标准，年终奖发放前离职的劳动者主张用人单

位支付年终奖的,人民法院应予支持。

相关法条:《劳动合同法》第 40 条

基本案情:房某于 2011 年 1 月至中美联泰大都会人寿保险有限公司(以下简称大都会公司)工作,双方之间签订的最后一份劳动合同履行日期为 2015 年 7 月 1 日至 2017 年 6 月 30 日,约定房某担任战略部高级经理一职。2017 年 10 月,大都会公司对其组织架构进行调整,决定撤销战略部,房某所任职的岗位因此被取消。双方就变更劳动合同等事宜展开了近两个月的协商,未果。12 月 29 日,大都会公司以客观情况发生重大变化、双方未能就变更劳动合同协商达成一致,向房某发出《解除劳动合同通知书》。房某对解除决定不服,经劳动仲裁程序后起诉要求恢复与大都会公司之间的劳动关系,并诉求 2017 年 8 月—12 月未签劳动合同双倍工资差额、2017 年度奖金等。大都会公司《员工手册》规定:年终奖金根据公司政策,按公司业绩、员工表现计发,前提是该员工在当年度 10 月 1 日前已入职,若员工在奖金发放月或之前离职,则不能享有。据查,大都会公司每年度年终奖会在次年 3 月份左右发放。

裁判结果:上海市黄浦区人民法院于 2018 年 10 月 29 日作出(2018)沪 0101 民初 10726 号民事判决:一、大都会公司于判决生效之日起 7 日内向原告房某支付 2017 年 8 月—12 月期间未签劳动合同双倍工资差额人民币 192500 元;二、房某的其他诉讼请求均不予支持。房某不服,上诉至上海市第二中级人民法院。上海市第二中级人民法院于 2019 年 3 月 4 日作出(2018)沪 02 民终 11292 号民事判决:一、维持上海市黄浦区人民法院(2018)沪

0101民初10726号民事判决第一项；二、撤销上海市黄浦区人民法院（2018）沪0101民初10726号民事判决第二项；三、大都会公司于判决生效之日起7日内支付上诉人房某2017年度年终奖税前人民币138600元；四、房某的其他请求不予支持。

裁判理由：二审法院裁判认为，本案的争议焦点系用人单位以客观情况发生重大变化为依据解除劳动合同，导致劳动者不符合员工手册规定的年终奖发放条件时，劳动者是否可以获得相应的年终奖。对此，一审法院认为，大都会公司的《员工手册》明确规定了奖金发放情形，房某在大都会公司发放2017年度奖金之前已经离职，不符合奖金发放情形，故对房某要求2017年度奖金之请求不予支持。二审法院经过审理后认为，现行法律法规并没有强制规定年终奖应如何发放，用人单位有权根据本单位的经营状况、员工的业绩表现等，自主确定奖金发放与否、发放条件及发放标准，但是用人单位制定的发放规则仍应遵循公平合理原则，对于在年终奖发放之前已经离职的劳动者可否获得年终奖，应当结合劳动者离职的原因、时间、工作表现和对单位的贡献程度等多方面因素综合考量。本案中，大都会公司对其组织架构进行调整，双方未能就劳动合同的变更达成一致，导致劳动合同被解除。房某在大都会公司工作至2017年12月29日，此后两日系双休日，表明房某在2017年度已在大都会公司工作满一年；在大都会公司未举证房某的2017年度工作业绩、表现等方面不符合规定的情况下，可以认定房某在该年度为大都会公司付出了一整年的劳动且正常履行了职责，为大都会公司做出了应有的贡献。基于上述理由，大都会公司关于房某在年终奖发放月之前已离职而不能享有该笔奖金的主张缺乏合理性。故对房某诉求大都会公司支付2017年度年终奖,应予支持。

案例意义:该案明确了虽然用人单位的规章制度规定年终奖发放前离职的劳动者不能享有年终奖,但是劳动合同的解除非因劳动者单方过失或主动辞职所致,且劳动者符合年终奖发放标准时,劳动者主张用人单位支付年终奖的,人民法院应当予以支持。本案例对人民法院审理涉年终奖的劳动争议案件具有指导意义,防止用人单位借规章制度之名侵害劳动者合法权益。

六、马某某诉北京搜狐新动力信息技术有限公司竞业限制纠纷案

关键词:民事/竞业限制/期限/约定无效

裁判要点:用人单位与劳动者在竞业限制条款中约定,因履行竞业限制条款发生争议申请仲裁和提起诉讼的期间不计入竞业限制期限的,属于《劳动合同法》第26条第1款第2项规定的"用人单位免除自己的法定责任、排除劳动者权利"的情形,应当认定为无效。

相关法条:《劳动合同法》第23条第2款、第24条、第26条第1款

基本案情:马某某于2005年9月28日入职北京搜狐新动力信息技术有限公司(以下简称搜狐新动力公司),双方最后一份劳动合同期限自2014年2月1日起至2017年2月28日止,马某某担任高级总监。2014年2月1日,搜狐新动力公司(甲方)与马某某(乙方)签订《不竞争协议》,其中第3.3款约定:"……,竞业限

制期限从乙方离职之日开始计算,最长不超过12个月,具体的月数根据甲方向乙方实际支付的竞业限制补偿费计算得出。但如因履行本协议发生争议而提起仲裁或诉讼时,则上述竞业限制期限应将仲裁和诉讼的审理期限扣除;即乙方应履行竞业限制义务的期限,在扣除仲裁和诉讼审理的期限后,不应短于上述约定的竞业限制月数。"2017年2月28日劳动合同到期,双方劳动关系终止。2017年3月24日,搜狐新动力公司向马某某发出《关于要求履行竞业限制义务和领取竞业限制经济补偿费的告知函》,要求其遵守《不竞争协议》,全面并适当履行竞业限制义务。马某某自搜狐新动力公司离职后,于2017年3月中旬与优酷公司开展合作关系,后于2017年4月底离开优酷公司,违反了《不竞争协议》。

搜狐新动力公司以要求确认马某某违反竞业限制义务并双倍返还竞业限制补偿金、继续履行竞业限制义务、赔偿损失并支付律师费为由,向北京市劳动人事争议仲裁委员会申请仲裁。

北京市劳动人事争议仲裁委员会作出京劳人仲字〔2017〕第339号裁决:一、马某某一次性双倍返还搜狐新动力公司2017年3月、4月竞业限制补偿金共计177900元;二、马某某继续履行对搜狐新动力公司的竞业限制义务;三、驳回搜狐新动力公司的其他仲裁请求。马某某不服,于法定期限内向北京市海淀区人民法院提起诉讼。

裁判结果:北京市海淀区人民法院于2018年3月15日作出(2017)京0108民初45728号民事判决:一、马某某于判决生效之日起七日内向搜狐新动力公司双倍返还2017年3月、4月竞业限制补偿金共计177892元;二、确认马某某无须继续履行对搜狐新动力公司的竞业限制义务。

搜狐新动力公司不服一审判决，提起上诉。北京市第一中级人民法院于 2018 年 8 月 22 日作出（2018）京 01 民终 5826 号民事判决：驳回上诉，维持原判。

裁判理由：法院生效裁判认为，本案争议焦点为《不竞争协议》第 3.3 款约定的竞业限制期限的法律适用问题。搜狐新动力公司上诉主张该协议第 3.3 款约定有效，马某某的竞业限制期限为本案仲裁和诉讼的实际审理期限加上 12 个月，以实际发生时间为准且不超过 2 年，但本院对其该项主张不予采信。

一、竞业限制协议的审查

法律虽然允许用人单位可以与劳动者约定竞业限制义务，但同时对双方约定竞业限制义务的内容作出了强制性规定，即以效力性规范的方式对竞业限制义务所适用的人员范围、竞业领域、限制期限均作出明确限制，且要求竞业限制约定不得违反法律、法规的规定，以期在保护用人单位商业秘密、维护公平竞争市场秩序的同时，亦防止用人单位不当运用竞业限制制度对劳动者的择业自由权造成过度损害。

二、"扣除仲裁和诉讼审理期限"约定的效力

本案中，搜狐新动力公司在《不竞争协议》第 3.3 款约定马某某的竞业限制期限应扣除仲裁和诉讼的审理期限，该约定实际上要求马某某履行竞业限制义务的期限为：仲裁和诉讼程序的审理期限＋实际支付竞业限制补偿金的月数（最长不超过 12 个月）。从劳动者择业自由权角度来看，虽然法律对于仲裁及诉讼程序的审理期限均有法定限制，但就具体案件而言该期限并非具体确定

的期间,将该期间作为竞业限制期限的约定内容,不符合竞业限制条款应具体明确的立法目的。加之劳动争议案件的特殊性,相当数量的案件需要经过"一裁两审"程序,上述约定使得劳动者一旦与用人单位发生争议,则其竞业限制期限将被延长至不可预期且相当长的一段期间,乃至达到2年。这实质上造成了劳动者的择业自由权在一定期间内处于待定状态。另一方面,从劳动者司法救济权角度来看,对于劳动者一方,如果其因履行《不竞争协议》与搜狐新动力公司发生争议并提起仲裁和诉讼,依照该协议第3.3款约定,仲裁及诉讼审理期间劳动者仍需履行竞业限制义务,即出现其竞业限制期限被延长的结果。如此便使劳动者陷入"寻求司法救济则其竞业限制期限被延长""不寻求司法救济则其权益受损害"的两难境地,在一定程度上限制了劳动者的司法救济权;而对于用人单位一方,该协议第3.3款使得搜狐新动力公司无须与劳动者进行协商,即可通过提起仲裁和诉讼的方式单方地、变相地延长劳动者的竞业限制期限,一定程度上免除了其法定责任。

综上,法院认为,《不竞争协议》第3.3款中关于竞业限制期限应将仲裁和诉讼的审理期限扣除的约定,即"但如因履行本协议发生争议而提起仲裁或诉讼时……乙方应履行竞业限制义务的期限,在扣除仲裁和诉讼审理的期限后,不应短于上述约定的竞业限制月数"的部分,属于《劳动合同法》第26条第1款第2项规定的"用人单位免除自己的法定责任、排除劳动者权利"的情形,应属无效。而根据该法第27条规定,劳动合同部分无效,不影响其他部分效力的,其他部分仍然有效。

三、本案竞业限制期限的确定

据此,依据《不竞争协议》第 3.3 款仍有效部分的约定,马某某的竞业限制期限应依据搜狐新动力公司向其支付竞业限制补偿金的月数确定且最长不超过 12 个月。鉴于搜狐新动力公司已向马某某支付 2017 年 3 月至 2018 年 2 月期间共计 12 个月的竞业限制补偿金,马某某的竞业限制期限已经届满,其无须继续履行对搜狐新动力公司的竞业限制义务。

案例意义:本案例对竞业限制有关问题进行了规范,有效保障了劳动者的择业自由权。

七、闫某某诉浙江喜来登度假村有限公司平等就业权纠纷案

关键词:民事 / 平等就业权 / 就业歧视 / 地域歧视

裁判要点:用人单位在招用人员时,基于地域、性别等与"工作内在要求"无必然联系的因素,对劳动者进行无正当理由的差别对待的,构成就业歧视,劳动者以平等就业权受到侵害,请求用人单位承担相应法律责任的,人民法院应予支持。

相关法条:《就业促进法》第 3 条、第 26 条

基本案情:2019 年 7 月,浙江喜来登度假村有限公司(以下简称喜来登公司)通过智联招聘平台向社会发布了一批公司人员招聘信息,其中包含有"法务专员""董事长助理"两个岗位。2019 年 7 月 3 日,闫某某通过智联招聘手机 App 软件针对喜来登公司发布的前述两个岗位分别投递了求职简历。闫某某投递的求职简历中,包含有姓名、性别、出生年月、户口所在地、现居住城市等个

人基本信息,其中户口所在地填写为"河南南阳",现居住城市填写为"浙江杭州西湖区"。据杭州市杭州互联网公证处出具的公证书记载,公证人员使用闫某某的账户、密码登录智联招聘App客户端,显示闫某某投递的前述"董事长助理"岗位在2019年7月4日14点28分被查看,28分给出岗位不合适的结论,"不合适原因:河南人";"法务专员"岗位在同日14点28分被查看,29分给出岗位不合适的结论,"不合适原因:河南人"。闫某某因案涉公证事宜,支出公证费用1000元。闫某某向杭州互联网法院提起诉讼,请求判令喜来登公司赔礼道歉、支付精神抚慰金以及承担诉讼相关费用。

裁判结果: 杭州互联网法院于2019年11月26日作出(2019)浙0192民初6405号民事判决:一、被告喜来登公司于本判决生效之日起10日内赔偿原告闫某某精神抚慰金及合理维权费用损失共计10000元。二、被告喜来登公司于本判决生效之日起10日内,向原告闫某某进行口头道歉并在《法制日报》公开登报赔礼道歉(道歉声明的内容须经本院审核);逾期不履行,本院将在国家级媒体刊登判决书主要内容,所需费用由被告喜来登公司承担。三、驳回原告闫某某其他诉讼请求。宣判后,闫某某、喜来登公司均提起上诉。杭州市中级人民法院于2020年5月15日作出(2020)浙01民终736号民事判决:驳回上诉,维持原判。

裁判理由: 法院裁判认为,平等就业权是劳动者依法享有的一项基本权利,既具有社会权利的属性,亦具有民法上的私权属性,劳动者享有平等就业权是其人格独立和意志自由的表现,侵害平等就业权在民法领域侵害的是一般人格权的核心内容——人格尊严，人格尊严重要的方面就是要求平等对待，就业歧视往往会使人产生一种严重的受侮辱感，对人的精神健康甚至身体健康造成损害。据此，劳动者可以在其平等就业权受到侵害时向人民法院提起民事诉讼，寻求民事侵权救济。

闫某某向喜来登公司两次投递求职简历，均被喜来登公司以"河南人"不合适为由予以拒绝，显然在针对闫某某的案涉招聘过程中，喜来登公司使用了主体来源的地域空间这一标准对人群进行归类，并根据这一归类标准而给予闫某某低于正常情况下应当给予其他人的待遇，即拒绝录用，可以认定喜来登公司因"河南人"这一地域事由要素对闫某某进行了差别对待。

《就业促进法》第3条在明确规定民族、种族、性别、宗教信仰四种法定禁止区分事由时使用"等"字结尾，表明该条款是一个不完全列举的开放性条款，即法律除认为前述四种事由构成不合理差别对待的禁止性事由外，还存在与前述事由性质一致的其他不合理事由，亦为法律所禁止。何种事由属于前述条款中"等"的范畴，一个重要的判断标准是，用人单位是根据劳动者的专业、学历、工作经验、工作技能以及职业资格等与"工作内在要求"密切相关的"自获因素"进行选择，还是基于劳动者的性别、户籍、身份、地域、年龄、外貌、民族、种族、宗教等与"工作内在要求"没有必然联系的"先赋因素"进行选择，后者构成为法律禁止的不合理就业歧视。劳动者的"先赋因素"，是指人们出生伊始所具有的人力难以选择和控制的因素，法律作为一种社会评价和调节机制，不应该基于人力难以选择和控制的因素给劳动者设置不平等条件；反之，应消除这些因素给劳动者带来的现实上的不平等，将与"工作内在要求"没有任何关联性的"先赋因素"作为就业区别对待的标准,根本违背了公平正义的一般原则,不具有正当性。

本案中,喜来登公司以地域事由要素对闫某某的求职申请进行区别对待,而地域事由属于闫某某乃至任何人都无法自主选择、控制的与生俱来的"先赋因素",在喜来登公司无法提供客观有效的证据证明,地域要素与闫某某申请的工作岗位之间存在必然的内在关联或存在其他的合法目的的情况下,喜来登公司的区分标准不具有合理性,构成法定禁止事由。故喜来登公司在案涉招聘活动中提出与职业没有必然联系的地域事由对闫某某进行区别对待,构成对闫某某的就业歧视,损害了闫某某平等地获得就业机会和就业待遇的权益,主观上具有过错,构成对闫某某平等就业权的侵害,依法应承担公开赔礼道歉并赔偿精神抚慰金及合理维权费用的民事责任。

案例意义:该案例明确了用人单位在招用人员时,基于地域、性别等与"工作内在要求"无必然联系的因素对劳动者进行无正当理由的差别对待的,构成就业歧视,应当承担相应的法律责任。本案例对于人民法院正确认定平等就业权纠纷中就业歧视行为,准确把握企业用工自主权和劳动者平等就业权的关系,具有指导意义。

(来源:最高人民法院《关于发布第 32 批指导性案例的通知》法〔2022〕167 号,2022 年 7 月 4 日)

本章小结

- 企业须制订与企业发展相匹配的劳动用工计划。

- 企业须依法构建规范用工体系。

- 企业须坚持共建共享原则,统筹企业发展与员工权益关系 —— 机制共建、效益共创、利益共享。

第六章
企业税务法律事务

纳税人的权利和义务是什么？

创业者选择市场主体时，要考虑哪些主要因素？了解不同市场主体的税负情况，是择业的重要因素。

投资者选择投资项目时，要考虑哪些因素？在一些投资并购项目中，税负是选择投资并购项目要考虑的重要因素。

此外，企业如何依法办理享受税收优惠政策？

以上有关税务的问题都是事关企业发展的大问题，企业应当加以重视。同时，由于我国的税法极其复杂，企业须根据实际需要委托税务代理人指导或代理企业涉税事务。

本章主要介绍我国税收征管法律体系和基本内容、所得税法基本内容，以及企业如何合法利用税收优惠政策、防控税收风险问题。

第一节
税收征管法律体系基本内容

一、税务程序法

《中华人民共和国税收征收管理法》(2015年4月24日修正)和《中华人民共和国税收征收管理法实施细则》(2016年2月6日修正),主要内容包括税务登记管理、账簿设立要求、凭证管理、纳税申报管理、税款征收管理、税务检查、法律责任。

《中华人民共和国进出口关税条例》(2017年3月1日修正),主要内容包括税率的运用,完税价格的审定,税款的缴纳、退补,关税的减免及审批程序、申诉程序、罚则等。

《中华人民共和国海关法》(2021年4月29日修正)主要内容为海关的职权、进出境运输工具、进出境货物和进出境物品、关税以及申报、海关事务担保、执法监督、法律责任。

二、税务实体法

《股权转让所得个人所得税管理办法(试行)》(2018年6月15日修正)

《个体工商户个人所得税计税办法》(2018年6月15日修正)

《中华人民共和国个人所得税法》(2018年8月31日修正)

《中华人民共和国个人所得税法实施条例》(2019年1月1日

施行）

《中华人民共和国企业所得税法》（2019年1月1日施行）

《中华人民共和国企业所得税法实施条例》（2019年4月23日修正）

《中华人民共和国车辆购置税法》（2019年7月1日施行）

《中华人民共和国耕地占用税法》（2019年9月1日施行）

税收实体法内容主要包括：纳税主体、征税客体、计税依据、税目、税率、减免税等。税收实体法主要有流转税法（增值税、消费税、关税）、财产税法（城市房地产税、城镇土地使用税、车船使用税、车辆购置税、耕地占用税）、资源税法、所得税法、行为税法。

三、税收法律责任

违反税收法律应当承担相应法律责任：

1. 经济责任，包括补缴税款、加收滞纳金等。

2. 行政责任，包括吊销税务行政许可证、行政罚款等。

3. 刑事责任，对违反税法情节严重构成犯罪的行为，要依法承担刑事责任。

四、税务争议解决途径

税务机关与税务管理相对人之间，因实施税法而产生纠纷，解决争议的主要途径是通过税务行政复议和行政诉讼。如果税务机关的具体行政行为侵害了企业的合法权益，可以提起税务行政赔偿。

第二节
《中华人民共和国税收征收管理法》基本内容

《税收征收管理法》是税收程序法，该法立法目的是根据社会经济发展的要求，调整税收征收与纳税关系，规范税收征收管理活动。

一、税收法定原则

税收征收管理实行税收法定原则。该法第 3 条规定，税收的开征、停征以及减税、免税、退税、补税，依照法律的规定执行；法律授权国务院规定的，依照国务院制定的行政法规的规定执行。

任何机关、单位和个人不得违反法律、行政法规的规定，擅自作出税收开征、停征以及减税、免税、退税、补税和其他同税收法律、行政法规相抵触的决定。

> **提示**
>
> 一些地方政府以税收优惠招商引资，企业在投资决策时，应当调查其税收优惠的法律依据，以免税收优惠落空，陷入投资不利境地。

二、纳税人及其权利与义务

纳税人是指法律、行政法规规定有纳税义务的单位和个人。

(一)纳税人的权利

1. 知情权。即有权向税务机关了解国家税收法律、行政法规规定以及与纳税程序有关的情况。

2. 保密权。即要求税务机关对企业的商业秘密和个人隐私等需要保密的事项予以保密。

3. 税收监督权。即有权监督税收征管活动。

4. 纳税申报方式选择权。即可以选择在线下申报,或者邮寄、数据电文等申报方式。

5. 申请延期申报权。即在规定的期限内向税务机关提出书面延期申请,经批准,可在核准的期限内办理。

6. 申请延期缴纳税款权。符合延期缴纳税款条件的,可在缴纳税款期限届满前向主管税务机关提出申请,经批准,可以延期缴纳税款。

7. 申请退还多缴税款权。

8. 依法享受税收优惠权。

9. 委托税务代理权。即委托税务代理人代为办理:办理、变更或者注销税务登记、纳税申报或扣缴税款报告、税款缴纳和申请退税、制作涉税文书、审查纳税情况、建账建制、办理财务、税务咨询、申请税务行政复议、提起税务行政诉讼等业务。

10. 陈述与申辩权。即对税务机关的决定享有陈述与申辩权。

11. 对未出示税务检查证和税务检查通知书的拒绝检查权。

12. 税收法律救济权。即对税务机关的决定依法享有申请行政复议、提起行政诉讼等权利。

13. 依法要求听证的权利。即对税务机关行政处罚有权要求举行听证的权利。

14. 索取有关税收凭证的权利。

（二）纳税人的义务

1. 依法进行税务登记的义务。纳税人自领取营业执照之日起30日内，持有关证件，向税务机关申报办理税务登记。

2. 依法设置账簿、保管账簿和有关资料以及开具、使用、取得和保管发票的义务。

3. 财务会计制度和会计核算软件备案的义务。

4. 按照规定安装、使用税控装置的义务。

5. 按时、如实申报的义务。

6. 按时缴纳税款的义务。

7. 代扣、代缴税款的义务。

8. 接受依法检查的义务。

9. 及时提供信息的义务。

10. 报告其他涉税信息的义务。

三、严重违反税法的行为列举

（一）偷税行为

指纳税人伪造、变造、隐匿、擅自销毁账簿、记账凭证，或者在账簿上多列支出或者不列、少列收入，或者经税务机关通知申报而拒不申报或者进行虚假的申报，不缴或者少缴应纳税款的行为。

法律责任：对纳税人偷税的，由税务机关追缴其不缴或者少缴的税款、滞纳金，并处不缴或者少缴的税款百分之五十以上五倍以下的罚款；构成犯罪的，依法追究刑事责任。

扣缴义务人采取前款所列手段，不缴或者少缴已扣、已收税款，由税务机关追缴其不缴或者少缴的税款、滞纳金，并处不缴或者少缴的税款百分之五十以上五倍以下的罚款；构成犯罪的，依法追究刑事责任。

(二) 骗取出口退税款行为

指以假报出口或者其他欺骗手段，骗取国家出口退税款的行为。

法律责任：由税务机关追缴其骗取的退税款，并处骗取税款一倍以上五倍以下的罚款；构成犯罪的，依法追究刑事责任。

第三节
所得税法基本内容

一、《中华人民共和国企业所得税法》

(一) 缴纳企业所得税的主体及税率

1. 我国具有法人资格的企业是缴纳企业所得税的主体，如有限责任公司、股份有限公司、集体企业、国有企业、法人型私营企业、中外合资企业、中外合作企业、外商独资企业。个体工商户、个人独资企业、合伙企业属于非法人企业，都不适用《企业所得税法》，不属于企业所得税缴纳主体。

《企业所得税法》将缴纳企业所得税的企业划分为居民企业和非居民企业。

(1) 居民企业，是指依法在中国境内成立，或者依照外国（地区）法律成立但实际管理机构在中国境内的企业。

（2）非居民企业，是指依照外国（地区）法律成立但实际管理机构不在中国境内，但在中国境内设立机构、场所的，或者在中国境内未设立机构、场所，但有来源于中国境内所得的企业。

2. 企业所得税的税率为25%。

（二）应纳税所得额

企业每一纳税年度的收入总额，减除不征税收入、免税收入、各项扣除以及允许弥补的以前年度亏损后的余额，为应纳税所得额。

计算公式：应纳税所得额＝收入总额－（不征税收入＋免税收入＋允许的各项扣除＋允许弥补的以前年度亏损）

（三）企业应纳税额

企业应纳税所得额乘以适用税率，减除依照该法规定减免和抵免的税额后的余额。

计算公式：企业应纳税额＝应纳税所得额 × 适用税率－（根据税收优惠减免的税额＋根据税收优惠抵免的税额）

（四）税收优惠

1. 免税收入。《企业所得税法》第26条规定，包括国债等四方面的收入为免税收入。

2. 可以免征、减征企业所得税的所得。《企业所得税法》第27条规定，包括从事农、林、牧、渔业项目所得等五方面的所得，可以免征、减征企业所得税。

3. 符合条件的小微企业，减按20%的税率征收企业所得税。

4. 国家重点扶持的高新技术企业，减按15%的税率征收企业所得税。

5. 民族自治地方的自治机关对本民族自治地方的企业应缴纳的企业所得税中属于地方分享的部分,可以决定减征或者免征。

6.《企业所得税法》第30条、31条、32条、33条、34条规定,企业在开发新产品,投资国家需要重点扶持的产业,企业技术进步的折旧,企业综合利用资源生产符合国家政策的产品的收入,企业投资环保、节能节水、安全等设备等,符合该法规定的,享受税收优惠。

(五)企业所得税按纳税年度计算

纳税年度自公历1月1日起至12月31日止。

二、《中华人民共和国个人所得税法》

(一)纳税主体

《个人所得税法》纳税主体为居民个人和非居民个人。

1. 居民个人是指在中国境内有住所,或者无住所而一个纳税年度内在中国境内居住累计满183天的个人。

2. 非居民个人是指在中国境内无住所又不居住,或者无住所而一个纳税年度内在中国境内居住累计不满183天的个人。

3. 纳税人与扣缴义务人。个人所得税以所得人为纳税人,以支付所得的单位或者个人为扣缴义务人。

4. 纳税年度,自公历1月1日起至12月31日止。

(二)纳税所得地域范围

居民个人从中国境内和境外取得的所得,依照该法缴纳个人所得税。

非居民个人从中国境内取得的所得,依照该法缴纳个人所得税。

(三)应税所得项目

1. 工资、薪金所得;2. 劳务报酬所得;3. 稿酬所得;4. 特许权使用费所得;5. 经营所得;6. 利息、股息、红利所得;7. 财产租赁所得;8. 财产转让所得;9. 偶然所得。

(四)个人所得税的税率

1. 综合所得,适用百分之三至百分之四十五的超额累进税率。(综合所得指工资、薪金所得、劳务报酬所得、稿酬所得、特许权使用费所得)

2. 经营所得,适用百分之五至百分之三十五的超额累进税率。

3. 利息、股息、红利所得、财产租赁所得、财产转让所得和偶然所得,适用比例税率,税率为百分之二十。

(五)免税项目

下列各项个人所得,免征个人所得税:

1. 省级人民政府、国务院各部委和中国人民解放军军以上单位,以及外国组织、国际组织颁发的科学、教育、技术、文化、卫生、体育、环境保护等方面的奖金;

2. 国债和国家发行的金融证券利息;

3. 按照国家统一规定发给的补贴、津贴;

4. 福利费、抚恤金、救济金;

5. 保险赔款;

6. 军人的转业费、复员费、退役费;

7. 按照国家统一规定发给干部、职工的安家费、退职费、基本养老金或者退休费、离休费、离休生活补助费；

8.依照有关法律规定应予免税的各国驻华使馆、领事馆的外交代表、领事官员和其他人员的所得；

9.中国政府参加的国际公约、签订的协议中规定免税的所得；

10.国务院规定的其他免税所得。

（六）减税项目

1.残疾、孤老人员和烈属的所得；

2.因自然灾害遭受重大损失的。

第四节
合法利用税收优惠政策与防控税收风险

一、合法利用税收优惠政策

（一）合法筹划利用税收优惠政策

在法律允许的范围内，自行或委托代理人，通过经营、投资、理财活动的事项安排和策划，以充分利用税法所提供的包括减免税在内的一切优惠，对多种纳税方案进行优化选择，为企业取得税收优惠。

（二）谨慎对待地方政府的税收优惠政策

与地方政府签订投资协议，必须审查地方政府的税收优惠政策的合法性。

案例

政府所作行政允诺违法,法院不予支持

裁判观点:政府所作行政允诺违法,行政相对人要求政府履行行政允诺,法院不予支持。但是,相对人有权要求政府赔偿损失。

案情梗概:襄阳市政府与任某某订立协议,承诺按个人投资者实际缴纳的个人所得税的39.5%给予奖励。原告任某某因被告襄阳市政府没有履行其承诺,提起诉讼。

终审法院湖北高级人民法院(2019)鄂行终240号行政判决认为,原告要求被告兑现允诺,合乎情理;被告应当信守承诺;司法审判应当保护行政相对人的信赖利益,监督行政机关诚信履约。但是,本案基于被告超越法定权限,违反《税收征收管理法》第3条第2款的规定,所作行政允诺违法,本院对上诉人任某某要求被上诉人襄阳市政府履行行政允诺的诉讼请求不能支持。任某某不服(2019)鄂行终240号行政判决,向最高人民法院提起再审,请求撤销(2019)鄂行终240号行政判决,最高人民法院(2020)最高法行申9021号裁定,驳回任某某的再审申请。

评析:襄阳市政府对任某某所得税先缴纳后返还的承诺,违反税收法定原则,任某某要求襄阳市政府履行行政允诺的诉讼请求,人民法院不予支持,于法有据。

政府在享有自主支配权范围内订立的税收优惠合同条款有效

裁判观点:政府在享有自主支配权范围内订立的税收优

惠合同条款有效。

案情梗概：安丘市人民政府、潍坊讯驰置业发展有限公司订立合同，约定涉及营业税、所得税地方留成，在讯驰公司缴纳后予以返还。合同履行过程中，安丘市人民政府以该约定合同条款违法，不予履行，讯驰公司提起诉讼。

最高人民法院（2017）最高法行申7679号审判监督行政裁定书中，最高人民法院认为，"合同书第4条第3项涉及营业税、所得税地方留成，在讯驰公司缴纳后予以返还问题，上述费用属于地方政府财政性收入，安丘市政府享有自主支配权，在此基础上订立的合同条款并不违反法律、行政法规的强制性规定，亦应为有效约定"。

评析：该案例合同虽然涉及营业税和所得税，但是，税款地方留成部分，其性质属于地方财政性收入，安丘市人民政府享有处分权。讯驰置业公司请求安丘市人民政府履约，人民法院予以支持，判决公允。

二、"金税三期"之下，要更重视防控税收风险

2016年在我国上线的税收管理的信息系统工程，简称为"金税三期"，它采用了比较完善的大数据评估及云计算，联通行政监管的所有工作环节。"金税三期"具有以下强大功能：一是消灭了税收"盲区"，高精度的数据信息让企业和个人的收入透明化；二是监管部门信息交换，税务机关成为最了解企业和个人收入情况的机构。

1. 企业要预防税收风险，识别税收风险，控制税收风险的损害程度。

2. 企业不要心存侥幸，实施违反税收法律的行为。

本章小结

- 市场主体不同，所适用的税收法律也不尽相同，要明确各自企业作为纳税人的权利义务，依法享受权利和履行义务。

- 充分利用税收优惠政策为企业增加财富。

- 增强企业税收合规意识，建立税收合规专项制度，防控税收违法风险。

第七章
企业知识产权法律事务

如何理解著作权、专利权、商标权、商业秘密专有权是财产权利？

知识产权对企业有何价值？

企业如何运用并维护知识产权？

作为鼓励和保护创新、促进经济发展和社会进步的知识产权法律制度，在我国已经不断完善，国家通过司法手段打击知识产权侵权的力度也不断加强。知识产权法律知识，已成为现代人尤其是企业经营者必备的基本常识。本章介绍知识产权相关法律，列举知识产权裁判案例，有助于企业经营者了解知识产权法律知识。

第一节
知识产权法律制度

一、知识产权的含义

知识产权为著作权、专利权、商标权、商业秘密专有权等人们对自己创造性的智力劳动成果所享有的民事权利。

知识产权属于民事权利。《民法典》总则第五章"民事权利"第 123 条规定:"民事主体依法享有知识产权。知识产权是权利人依法就下列客体享有的专有的权利:(1)作品;(2)发明、实用新型、外观设计;(3)商标;(4)地理标志;(5)商业秘密;(6)集成电路布图设计;(7)植物新品种;(8)法律规定的其他客体。"

二、保护知识产权的法律规范

我国从 1980 年参加世界知识产权组织起陆续颁布了《商标法》《专利法》《著作权法》《反不正当竞争法》,还参加了各类知识产权保护的国际公约。其中《著作权法》《专利法》《商标法》为知识产权专门法,保护权利人的智力成果,激励创新;《反不正当竞争法》是从维护市场公平秩序、制止不正当竞争的角度提供保护,与知识产权专门法相互补充。《民法典》将知识产权列为重要的民事权利予以保护,《刑法》通过刑法的手段惩处侵犯知识产权犯罪行为,对知识产权予以保护。

三、增强知识产权法律意识的意义

1. 知识产权日益成为企业发展的战略性资源和市场竞争的核心要素。

2. 知识产权制度是世界各国共同遵循的准则。知识产权制度作为鼓励和保护智力创造性劳动成果、促进社会进步和经济发展的基本法律制度，已为世界各国所接受，也形成了一些各国共同遵循的准则。

3. 知识产权法律制度是一种法律制度，企业不分大小，都必须遵守。了解知识产权法律，重视保护自身的知识产权，尊重他人的知识产权，有助于企业的发展。

四、企业知识产权管理体系构建

（一）建立科学、系统，与企业自身相适宜的知识产权管理制度

（二）各环节、全方面防范企业知识产权风险

根据企业的实际对企业行政、财务、立项、研发、生产、销售、采购等各个环节中的知识产权管理进行控制，包含知识产权获取、维护、运用和保护，做到全面防范企业知识产权风险。

企业知识产权重点环节：

1. 人力资源部门的劳动用工入职、离职环节，把住商业秘密和知识产权权属风险关。

2. 研发工作的立项与研究开发环节，把住侵权风险关。

3. 采购工作的采购（定制）产品环节，对合同的知识产权条款、知识产权许可使用范围、权属、保密责任、侵权责任条款进行严

格审查；采购合同要有供应商对产品知识产权的权属以及侵权责任的承担并进行具体全面的陈述与保证的专门条款。

（三）聘请知识产权专业机构，指导或者代理知识产权办理、管理以及维权等事务

企业不仅自身需增强知识产权意识，更要充分利用专业机构处理知识产权的管理和维权等事务。

据最高人民法院统计，中国国内知识产权纠纷案件迅速增加，2020年度全国法院共新收一审、二审、申请再审等各类知识产权案件525618件，2021年度为642968件，同比增加22.33%。

而海外知识产权纠纷亦呈迅速上升趋势，据不完全统计，宁波市2015—2019年涉外知识产权纠纷有2500余件。涉外企业面临的知识产权纠纷主要风险类型有知识产权壁垒规避风险、境外参展知识产权风险、美国"337调查"（也称337条款诉讼）风险、恶意竞争风险。

另外，NPE公司诉讼案在全球范围内爆发式增长，一些"专利流氓"也把目标对准了"走出去"的中国企业，大疆、中兴、华为、小米等企业分别在美国、英国遭到NPE公司诉讼。

> **提示**
>
> 企业要增强知识产权意识，加强涉外知识产权培训，充分利用专业机构，如利用国家涉外知识产权应对指导中心宁波分中心、知识产权事务所、律师事务所等的指导作用，开展知识产权预警服务，有效防控涉外侵权风险。

第二节
企业著作权法律事务

一、著作权法律规定

(一)著作权法律、法规和司法解释

《中华人民共和国著作权法实施条例》(2013年1月30日修订)

《计算机软件保护条例》(2013年1月30日修订)

《信息网络传播权保护条例》(2013年1月30日公布)

《中华人民共和国著作权法》(2020年11月11日修正)

《最高人民法院关于审理侵害信息网络传播权民事纠纷案件适用法律若干问题的规定》(2020年12月29日公布)

《最高人民法院关于审理著作权民事纠纷案件适用法律若干问题的解释》(2020年12月29日公布)

(二)著作权和著作权法的含义

著作权亦称为版权。著作权法是保护文学、艺术和科学作品作者的著作权,以及与著作权有关的权益的法律。

(三)我国著作权法保护的作品范围

包括:文字作品;口述作品;音乐、戏曲、曲艺、舞蹈、杂技艺术品;美术、建筑作品;摄影作品;视听作品;工程设计图、产品设计图、地图、示意图等图形作品和模型作品;计算机软件;符合作品特征的其他智力成果。

（四）著作权的内容

包括下列人身权和财产权：1. 发表权；2. 署名权；3. 修改权；4. 保护作品完整权；5. 复制权；6. 发行权；7. 出租权；8. 展览权；9. 表演权；10. 放映权；11. 广播权；12. 信息网络传播权；13. 摄制权；14. 改编权；15. 翻译权；16. 汇编权；17. 应当由著作权人享有的其他权利。

（五）著作权的归属

1. 著作权归属的一般原则为：著作权属于作者，《著作权法》另有规定的除外。创作作品的自然人是作者。由法人或者非法人组织主持，代表法人或非法人组织意志创作，并由法人或者非法人组织承担责任的作品，法人或者非法人组织视为作者。

2. 演绎作品、合作作品、汇编作品、视听作品、职务作品、委托作品、美术作品、摄影作品的著作权归属可参见《著作权法》第11—19条。

（六）著作权的产生

1. 自动取得制度

著作权自作品创作完成之日起产生。已经建立著作权相关法制的国家，大多数实行自动取得制度。

这一制度适用范围：一是本国公民、法人、非法人著作权自作品创作完成之日起产生。二是首先在中国境内出版的外国人、无国籍人的作品，其著作权自首次出版之日起受保护。

2. 自愿登记制度

（1）作品登记后的好处：一是作品通过登记可以取得著作权证书，使著作权尽快得到法律保护；二是登记软件著作权是申请政府认定高新技术企业以及相关扶持资金的重要依据;三是可以申请减免税优惠政策;四是能提升企业的商誉,增加企业无形价值。

(2)办理作品登记的步骤:申请人向国家版权局提交登记申请材料、登记机关核查、通知缴费、申请人缴费、登记机构受理申请、审查、发放登记证书、公告。

(七)著作权的许可使用合同

使用他人作品应当同著作权人订立使用合同,《著作权法》规定可以不经许可的除外。

《著作权法》要求许可使用合同包括下列主要内容:

1. 许可使用的权利种类。

2. 许可使用的权利是专有使用权或者非专有使用权。

3. 许可使用的地域范围、期间。

4. 付酬标准和办法。

5. 违约责任。

6. 双方认为需要约定的其他内容。

(八)著作权的转让合同

著作权人全部或者部分转让《著作权法》第10条第一款第五项至第十七项规定的权利(复制权、发行权、出租权、展览权、表演权、放映权、广播权、信息网络传播权、摄制权、改编权、翻译权、汇编权、应当由著作权人享有的其他权利),应当订立书面合同。

权利转让合同包括下列主要内容:

1. 作品的名称。

2. 转让的权利种类、地域范围。

3. 转让价金。

4. 支付转让价金的日期和方式。

5. 违约责任。

6. 双方认为需要约定的其他内容。

（九）著作权侵权以及处理

1. 著作权侵权的概念

指未经著作权权利人许可，直接或间接利用作品，对著作权权利人的专有权构成侵害的行为。

2. 著作权侵权按下列情形分别处理

民事责任：应当根据情况，承担停止侵害、消除影响、赔礼道歉、赔偿损失等民事责任。

行政责任：予以警告，没收违法所得，没收、无害化处理侵权复制品以及材料、工具、设备等，违法经营额五万元以上的，可以并处违法经营额一倍以上五倍以下的罚款；没有违法经营额、违法经营额难以计算或者不足五万元的，可以并处二十五万元以下的罚款。

刑事责任：构成犯罪的，依法追究刑事责任。

二、企业著作权法律事务

1. 制定企业著作权管理制度，包括取得、使用、维权以及有必要的企业知识产权合规制度等。

2. 著作权许可和转让合同订立与履行。

3. 著作权纠纷的处理，包括协商、起诉和应诉。

第三节
企业专利法律事务

一、专利法律规定

(一)专利法律、法规和司法解释

《中华人民共和国专利法实施细则》(2010年1月9日公布)

《专利实施强制许可办法》(2012年3月15日公布)

《专利优先审查管理办法》(2017年8月1日施行)

《专利代理条例》(2018年11月6日公布)

《中华人民共和国专利法》(2020年10月17日第四次修正)

《最高人民法院关于审理专利纠纷案件适用法律问题的若干规定》(2020年12月29日公布)

(二)专利权的含义

专利权是指依照《专利法》的规定,权利人对其获得专利的发明创造(发明、实用新型或外观设计),在法定时间内所享有的独占性或专有权。

(三)专利权的特征

1. 专有性或独占性。

2. 地域性,即在申请保护国家范围内,受其法律保护。

3. 时间性,即在法律规定期限内有效。

4. 法定授权性,依法申请,经专利主管机关依法授予专利权。

(四)发明创造范围

《专利法》所称的发明创造是指发明、实用新型和外观设计。

发明,是指对产品、方法或者其改进所提出的新的技术方案。

实用新型,是指对产品形状、构造或者其结合所提出的适于实用的新的技术方案。

外观设计,是指对产品的整体或者局部的形状、图案或者其结合以及色彩与形状、图案的结合所作出的富有美感并适于工业应用的新设计。

(五)《专利法》立法宗旨

保护专利权人的合法权益,鼓励发明创造,推动发明创造的应用,通过创新能力,促进科学技术进步和经济社会发展。

(六)专利申请

1. 专利申请人

发明人、单位、专利申请权受让人、外国人均可成为专利申请人。

2. 专利内容要求或专利授予条件

要求符合新颖性、创造性、实用性。

新颖性,是指该发明或者实用新型不属于现有技术、也没有任何单位或者个人就同样的发明或者实用新型在申请日以前向国务院专利行政部门提出过申请,并记载在申请日以后公布的专利申请文件或者公告的专利文件中。

创造性,是指与现有技术相比,该发明具有突出的实质性特点和显著的进步,该实用新型具有实质性特点和进步。

实用性,是指该发明或者实用新型能够制造或者使用,并且能够产生积极效果。

3.准备专利申请文件

申请发明专利的,应当包括发明专利请求书、说明书及其摘要和权利要求书等文件。

申请实用新型专利的,应当包括实用新型专利请求书、说明书、说明书附图、权利要求书、摘要及其摘要附图。

4.专利申请人与专利代理机构订立委托代理合同,委托专利代理机构代办专利申请。

5.专利权的授予

发明专利权的授予:发明专利申请经实质审查没有发现驳回理由的,由国务院专利行政部门作出授予发明专利权的决定,发给发明专利证书,同时予以登记和公告。发明专利权自公告之日起生效。

实用新型和外观设计专利权的授予:实用新型和外观设计专利申请经初步审查没有发现驳回理由的,由国务院专利行政部门作出授予实用新型和外观设计专利权的决定,发给专利证书,同时予以登记和公告。实用新型和外观设计专利权自公告之日起生效。

(七)申请专利保护的意义

一是有利于市场保护;二是可以获得收益;三是权利人有条件得到税收优惠政策;四是提升竞争力;五是防止被他人抢先申请。

(八)申请权、专利权转让与许可

1.申请权、专利权可以转让。转让申请权、专利权的,当事人应当订立书面合同,并向国务院专利行政管理部门登记,由国务院专利行政管理部门予以公告。申请权或者专利权的转让自登记之日起生效。

2.专利权的使用许可。任何单位或者个人实施他人专利的,应当与专利权人订立实施许可合同,向专利权人支付专利使用费。被许可人无权允许合同规定以外的任何单位或者个人实施该专利。

(九)专利权的保护

1. 保护范围

发明或者实用新型专利权的保护范围以其权利要求的内容为准,说明书及附图可以用于解释权利要求的内容。

外观设计专利权的保护范围以表示在图片或者照片中的该产品的外观设计为准,简要说明可以用于解释图片或者照片所表示的该产品的外观设计。

2. 视为专利侵权的情形

未经权利人许可,以生产经营为目的制造、使用、许诺销售、销售专利产品的行为,以生产经营为目的进口专利产品、使用专利方法以及使用、许诺销售、销售、进口依照该专利方法直接获得产品的行为,假冒他人专利的行为均可能构成专利侵权。

3. 不视为专利侵权的情形

《专利法》第 75 条规定的五方面情形不视为专利侵权:

(1)专利产品或者依照专利方法直接获得的产品,由专利权人或者经其许可的单位、个人售出后,使用、许诺销售、销售、进口该产品的;

(2)在专利申请日前已经制造相同产品、使用相同方法或者已经作好制造、使用的必要准备,并且仅在原有范围内继续制造、使用的;

(3)临时通过中国领陆、领水、领空的外国运输工具,依照其所属国同中国签订的协议或者共同参加的国际条约，或者依照互惠原则，为运输工具自身需要而在其装置和设备中使用有关专利的；

（4）专为科学研究和实验而使用有关专利的；

（5）为提供行政审批所需要的信息，制造、使用、进口专利药品或者专利医疗器械的，以及专门为其制造、进口专利药品或者专利医疗器械的。

4. 侵权赔偿数额的确定

按照权利人因被侵权受到的实际损失或者侵权人因实施侵权所获得利益确定；前述情况难以确定的，参照该专利许可使用费的倍数合理确定。对故意侵犯专利权，情节严重的，可以在按照上述方法确定的一倍以上五倍以下确定赔偿数额。

5. 假冒他人专利的处罚

一是承担民事责任；二是由专利执法部门责令改正并予以公告，没收违法所得，可以处违法所得五倍以下的罚款，没有违法所得或者违法所得在五万元以下的，可以处二十五万元以下罚款；三是构成犯罪的，依法追究刑事责任。

6. 赔偿责任的免除

为生产经营目的使用、许诺销售或者销售不知道是未经专利权人许可而制造并出售的专利侵权产品，能够证明该产品合法来源的，不承担赔偿责任。

二、企业专利权法律事务

1. 制定专利权保护制度，包括专利权取得、使用、保护以及专利专项合规制度。

2.专利权申请前期准备,包括专利法律行政法规、政策的查询分析。

3.专利申请。

4.专利权的管理,包括专利权的维持、许可和转让合同的订立与履行。

5.专利权的保护,包括对专利纠纷协商解决处理、起诉、应诉等。

附录

专利管理制度
第一章 总 则

第一条 为规范公司的专利工作,促进企业创新和形成企业自主知识产权,推动生产进步,提高公司市场竞争力和经济效益,结合公司的具体情况,特制定本制度。

第二条 本制度所称专利是指发明、实用新型专利和外观设计专利。

第三条 本公司专利工作的基本任务是贯彻执行专利法及其实施细则,宣传普及专利知识,激发员工发明创造的积极性,推动我公司的科技进步,提高市场竞争力和经济效益。

第四条 执行本公司的任务或者主要是利用本公司的物质条件所完成的发明创造为职务发明创造。职务发明创造申请专利权的权利属于本公司,申请批准后,公司为专利权人。

非职务发明创造,申请专利的权利属于发明人或者设计人。申请被批准后,该发明人或者设计人为专利权人。利用本公司的职务技术条件完成的发明创造,公司与发明人或者设计人订有合同,对申请专利的权利和专利权的归属作出约定的,从其约定。

第五条 在取得专利申请号及取得专利权后,公司应当依据规定对职务发明创造的发明人或者设计人给予奖励。发明创造专利实施后,根据其推广应用的范围和取得的经济效益,应当按有关规定对发明人或者设计人给予合理的报酬。

第六条 在专利申请公布或者公告前,专利工作者及其有关人员对其内容有保密的责任。

第二章 专利的管理

第七条 本公司的知识产权管理组是专利管理的主管部门,其责任包括:

(一)确定并实施公司专利战略,并纳入技术进步和现代企业制度规划中;

(二)负责对员工进行《专利法》和专利知识的宣传培训;

(三)鼓励员工开展发明创造活动,为职工提供有关专利事务的咨询服务;

(四)办理本公司专利申请、专利资产评估、专利合同备案,认定登记和专利权质押合同登记以及专利广告证明等事宜;

(五)保护本公司专利权和防止侵犯他人的专利权,办理有关专利纠纷、专利诉讼事务;

(六)管理公司专利资产,防止专利资产流失;

(七)组织专利技术实施,管理专利实施许可贸易;

(八)管理、利用与本公司有关专利文献和专利信息,为科研、生产、贸易经营全过程服务;

(九)研究制定本公司的权利战略,为经营决策服务;

（十）做好技术和产品进出口中有关的专利工作；

（十一）依法办理对职务发明创造的发明人或者设计人的奖励与报酬；

（十二）筹集和管理本公司的专利发展的专项资金；

（十三）其他与本公司专利工作有关的事务。

第八条 公司专利资产管理包括如下内容：

（一）专利技术开发；

（二）专利申请、维持、放弃的确定，职务与非职务发明的审查，科研档案和发明或设计人员流动的管理；

（三）专利评价、评估；

（四）专利申请、优先权、署名权、专利权；

（五）专利申请权转让、专利权转让、专利许可及专利权质押；

（六）专利战略研究与制定；

（七）专利诉讼和向海关提出知识产权备案；

（八）其他与专利资产有关的事项。

第九条 本公司有下列情形之一的，应进行专利资产评估

（一）转让专利申请权、专利权的；

（二）以专利资产与外国公司、企业、其他经济组织或者个人合资、合作实施的，或者许可外国公司、企业、其他经济组织或者个人合资、合作实施的；

（三）以专利资产作为出资成立有限责任公司或者股份有限公司的；

（四）需要进行专利资产评估的其他情形。

第十条 公司的专利资产评估，应委托有专利资产评估资格的资产评估机构办理。

第十一条 本公司在产品、技术开发立项之前，知识产权管理组必须和有关业务部门一起进行专利文献的检索与分析，避免重复研究与侵权，同时运用专利制度的规则，提出能获得最大市场利益的有关技术路线和技术解决方案的建议，在研究开发过程中及完成后，要进行必要的跟踪检索。

第十二条 公司开展对外贸易有下列情形之一的，应由知识产权管理组进行项目专利检索：

（一）技术、成套设备和邮件设备的进出口；

（二）未在国内销售过的原材料和成品的进口；

（三）未在其他国家和地区销售过的原材料和成品的进口。

第三章 专利的申请

第十三条 申请专利的目的在于获得专利权，保护发明创造和潜在市场，以获得一定的经济利益。

第十四条 在新产品、新技术的开发，新材料、新工艺的研究，技术的改造，引进技术的消化、吸收等工作中作出的发明创造，凡符合专利授予条件的，应及时申请专利，以取得法律的保护。

第十五条 专利申请的提出：

（一）凡欲申请专利的，发明人或设计人应填写公司《发明创造专利申请表》，发明人或设计人在填写"申请专利的主要内容"栏时，应对申请专利的发明创造的技术特点包括新颖性、创造性、实用性、有益效果作出清楚完整的说明，并根据已知技术对发明创造的专利性作出评价；

（二）部门专利管理员应在部门初审的意见栏，就专利申请是否符合《专利法》有关规定作出初审的意见；

（三）部门专利管理员将此表交至知识产权管理组；

（四）专利申请审批需要加快的，专利申请部门应当以书面形式提出，说明需要加快理由，同《发明创造专利申请表》一并交到知识产权管理组。

第十六条 专利申请的审批：

（一）知识产权管理组由专职人员对申请专利的发明创造进行专利文献检索和专利必要审查，并将检索的情况审查意见填入《发明创造专利申请表》中；

（二）知识产权管理组领导审查《发明创造专利申请表》并签名；

（三）知识产权管理组将《发明创造专利申请表》报公司主管技术副经理审批；

（四）公司主管技术副经理批准后，知识产权管理组将《发明创造专利申请表》复印件返回到申请部门，进行专利申请办理。

第十七条 专利申请的办理：

（一）专利申请根据其经济价值和市场竞争价值大小分为普通级、重要级、重大级。

1.普通级专利申请，是指经济价值和市场竞争价值大小均为一般的专利申请；

2.重要级专利申请，是指具有一定经济价值和市场竞争价值的专利申请；

3.重大级专利申请，是指创造性高，属国内外首创，代表技术潮流或发展方向，能给公司带来巨大经济效益，使公司处于市场优势地位的专利申请。

（二）部门专利管理员通知发明人或设计人提供专利申请技术交

底或专利申请文件交审理产权管理组。

（三）知识产权管理组根据专利申请重要性等级的不同，按不同的方式办理：

1. 普通级专利申请的办理：外观设计的专利申请由知识产权管理组直接办理；

2. 重要级专利申请的办理：知识产权管理组在组织公司专利代理人、发明人、相关技术人员或专利代理机构代理人进行讨论，确定最佳保护范围和方式后，组织公司内部专利代理人或委托专利事务所代理；

3. 重大级专利申请的办理：知识产权管理组在组织公司优秀专利代理人、发明人、相关技术骨干或资质较深的专利代理机构优秀代理人员进行详细讨论，确保最佳保护范围和方式后，组织公司内部优秀专利代理人或委托资质较深的专利事务所代理。

第四章　专利的许可使用

第十八条　本公司与其他公司合作研究、开发合作委托研究、开发签订相关合同时，合同应当包括专利申请权和专利权的技术成果归属的条件，并符合国家和本公司相应规定。

第十九条　本公司与国内外组织或者个人签订的合作研究、开发合作委托研究、开发的合同中应包括下列内容：

（一）项目中产生的专利申请权、专利权和相关技术秘密的归属；

（二）本公司与合作方或者承接方对项目中产生的专利转让、许可等的管理权限和管理方式；

（三）本公司与合作方或者承接方投入的实物条件、资金及研究人员智力劳动各自占比例以及对专利实施取得收益的分享制度和比例。未签订合同或者合同未约定的，项目中产生的专利权和相关收益由承担者持有或所有。

第二十条 本公司在引进技术，进口产品或建立中外合资企业外方技术、产品作为投资时，责任部门应将其技术、产品包括的专利技术项目，报知识产权管理组进行检索。知识产权管理组根据检索情况，提供检索报告，为谈判、签约提供依据。

第二十一条 引进技术涉及第三方专利时，应当有担保条款，明确双方在涉及第三方专利时的权利、义务和责任。

第二十二条 知识产权管理组根据公司发展要求，应积极为公司实施国内外专利技术服务。各部门对公司持有或所有的专利技术，应积极实施，公司无条件或不能充分实施的，应适时进行转让或许可他人实施。

第二十三条 本公司实施他人专利技术或许可他人实施公司公司专利技术，应签订专利实施许可合同。专利实施许可合同应当到合同签订地或者被许可方机构注册地或者专利实施地专利管理机关认定登记。

第二十四条 专利实施许可合同或含有专利许可内容的技术转让合同的谈判、签订，应有知识产权管理组专利管理人员参加，并按照国家和本公司有关技术合同的制度执行。

第五章 专利的保护

第二十五条 公司及员工有保护公司专利权不受侵犯义务，应维护公司的合法权利。发现侵权行为，应及时报知识产权管理组，并帮助做好调查取证工作，必要时请求专利管理机关处理或向人民法院起诉。同时，本公司应避免侵犯他人的专利权。

第二十六条 侵犯本公司专利权的行为包括：

（一）未经我公司许可生产、销售与本公司专利相同或相似的产品；

（二）未经我公司许可进口与本公司专利相同或相似的产品；

（三）将我公司专利号标记在产品上进行销售，假冒我公司专利产品的行为；

（四）使用上述侵权产品的行为；

（五）未经我公司许可展示与本公司专利相同或相似的产品和技术，引进从事招投标活动。

第二十七条 本公司专利权益涉及海关保护的，要按照知识产权海关保护条例要求，及时向海关总署申请办理专利权海关保护备案。

第二十八条 请求调解处理专利纠纷和进行专利诉讼，有知识产权管理小组负责办理，必要时可委托专利代理机构或法律事务部办理。对委托专利代理机构办理专利诉讼的，应有法律事务部参与，并将有关材料送法律事务部备案。

第二十九条 本公司对其专利或专利申请，应依法及时交纳年费或申请维持费，维持其有效。对拟在法定期限届满前放弃或终止的专利和专利申请，要予以论证确认并建立管理档案。具体事宜由知识产权管理小组负责。

第三十条 本公司应充分利用专利信息，掌握与本企业有关的国内和国外申请专利的动向，对有损于本公司利益且符合授予专利权条件的他人专利，应及时提出撤销专利权请求或提出宣告无效请求，排除不应授权的专利。具体事宜由知识产权管理小组负责。

第六章 专利的奖励

第三十一条 当所申报的专利获得国家专利证书后，按规定发给专利申报人一次性奖金：发明专利10000元，实用新型3200元，外观设计 3200 元。

第三十二条　对每件发明专利及实用新型专利，外观设计专利的政府资助，作为公司收入进入公司专利奖励基金。

第三十三条　本制度奖励的发明人，是指公司内部专利申请单上确认的发明方案提出者。

第三十四条　如果发明人离开公司，不得将公司中计划申请的专利提供给其他单位或个人，发明人离开公司后也可以将自己的发明成果提供给本公司申请专利，但专利申请中的发明人署名由公司指定，公司可以按标准发放奖励，发明人离开公司前已提交的专利申请，符合条件的公司按标准发放奖金。

第七章　责任与处罚

第三十五条　员工将职务发明创造以非职务发明创造申请专利的，或者有其他严重违反本制度规定侵犯、损害公司权益行为，造成公司严重损失的，公司将依法采取措施，追究其应承担的法律责任。

第三十六条　公司专利管理人员玩忽职守、履行职责不当或者泄露秘密，造成公司损失的，依据有关法律、法规和政策规定，承担相应责任。

第八章　附　则

第三十七条　本制度在执行过程中如有与国家法律法规相抵触的，以国家法律法规为准。

第三十八条　本制度由知识产权管理组负责解释。

第三十九条　本制度自下发之日起实施。

（来源：最高人民检察院涉案企业合规研究指导组《涉案企业合规办案手册》中的涉案企业整改案例）

第四节
企业商标法律事务

一、商标法律规定

（一）商标法律、法规和司法解释

《中华人民共和国商标法实施条例》（2014年4月29日公布）

《中华人民共和国商标法》（2019年4月23日公布）

国家知识产权局关于印发《商标侵权判断标准》的通知（2020年6月15日公布）

《最高人民法院关于审理商标民事纠纷案件适用法律若干问题的解释》（2020年12月29日公布）

《最高人民法院关于审理涉及驰名商标保护的民事纠纷案件应用法律若干问题的解释》（2020年12月29日公布）

《商标注册申请快速审查办法（试行）》（2022年1月14日公布）

（二）商标以及注册商标的取得与保护

商标是指用以识别和区分商品或者服务来源的标志。

在我国有注册商标与未注册商标之分。注册商标是经过国务院工商行政管理部门商标局核准注册的商标，包括商品商标、服务商标和集体商标、证明商标；商标注册人享有商标专有权，受法律保护。

（三）《商标法》的宗旨

加强商标管理，保护商标专有权，促使生产、经营者保证商品和服务质量,维护商标信誉,以保障消费者和生产、经营者的利益,促进社会主义市场经济的发展。

(四)商标注册申请

1. 申请人以及政府主管商标的部门

自然人、法人或者其他组织在生产经营活动中,对其商品或者服务需要取得商标专用权的,应当向商标局申请商标注册。

2. 禁止恶意商标注册

2019年《商标法》修改时,针对存在恶意注册商标的严重情况,增加规制恶意注册商标的内容,增强商标使用义务,在《商标法》第4条第1款增加了"不以使用为目的的恶意商标注册申请,应当予以驳回"的规定。

3. 商标选择——企业商标决策的重要内容

商标选择是指在已经设计好的若干可供选择的商标种类中选定适用与指定商品或者服务项目的商标。

文字、图形、字母、数字等及以上各要素的组合,都可以作为商标申请注册。通常企业字号、品牌名称、logo(标志、标识)等都可选择为申请商标注册。

4. 商标的注册申请流程

(1)选定注册的商标类目。我国商标共有45个大类,这里包含34个商品类别,11个服务类别。如第20类,包括家具、镜子、相框等;第25类,包括服装,鞋,帽。

(2)与商标代理机构订立代理合同,委托代理机构查询商标名称。查询的目的,一是避开法律禁止的形式内容;二是看是否已经被注册;三是看是否有近似商标;四是看是否有显著性。

(3)准备申请材料。

(4)确定申请内容并提交。

(5)商标局受理。提交注册商标申请后,会经历形式审查、实质审查、公告期(公告异议期3个月)、予以注册并公告颁发注册商标证书4个阶段。

(五)商标注册的意义

1.商标是企业发展的必要资格证书。

2.商标是企业重要的无形资产,同时注册商标还可以作为质押融资的资产。

3.商标可以集中体现企业品牌、形象、文化、商誉。

4.拥有企业特定产品和服务的注册商标专用权,保护企业品牌权益。

(六)注册商标有效期及续展

1.注册商标的有效期为10年,自核准注册之日起计算。

2.注册商标续展。注册商标有效期满,需要继续使用的,商标注册人应当在期满前12个月内按照规定办理续展手续;宽展期6个月;每次续展注册的有效期10年。期满后过了宽展期未办理续展手续的,该注册商标将被注销。

(七)注册商标的转让及注意事项

1.转让注册商标的,转让人和受让人应当签订转让协议,并共同向商标局提出申请。受让人应当保证使用该注册商标的商品的质量。

2.转让注册商标的,商标注册人对其在同一种商品上注册的近似的商标,或者在类似商品上注册的相同或者近似的商标,应当一并转让。

3. 转让注册商标经商标局核准后，予以公告。受让人自公告之日起享有商标专用权。

（八）注册商标的使用许可及注意事项

1. 商标注册人可以通过签订商标使用许可合同，许可他人使用其注册商标。

2. 许可合同当事人的义务

（1）许可人的义务。许可人应当监督被许可人使用其注册商标的商品质量。许可人应当将其商标使用许可报商标局备案，由商标局公告。

（2）被许可人义务。被许可人应当保证使用该注册商标的商品质量。在使用该注册商标的商品上标明被许可人的名称和商品产地。

（九）商标的使用定义及未使用的时限

1. 商标的使用定义

指将商标用于商品、商品包装或者容器以及商品交易文书上，或者将商标用于广告宣传、展览以及其他商业活动中，用于识别商品来源的行为。

2. 商标未使用的时限

《商标法》第49条规定，注册商标成为其核定使用的商品的通用名称或者没有正当理由连续三年不使用的，任何单位和个人可以向商标局申请撤销该注册商标。

（十）注册商标专用权的保护

1. 保护范围

注册商标专用权，以核准注册的商标和核定使用的商品为限，任意改变或者扩大范围部分不受保护。

2.注册商标专用权侵权行为

《商标法》第57条规定有下列行为之一的,均属于侵犯注册商标专用权:

(1)未经商标注册人的许可,在同一种商品上使用与其注册商标相同的商标的;

(2)未经商标注册人的许可,在同一种商品上使用与其注册商标近似的商标,或者在类似商品上使用与其注册商标相同或者近似的商标,容易导致混淆的;

(3)销售侵犯注册商标专用权的商品的;

(4)伪造、擅自制造他人注册商标标识或者销售伪造、擅自制造的注册商标标识的;

(5)未经商标注册人同意,更换其注册商标并将该更换商标的商品又投入市场的;

(6)故意为侵犯他人商标专用权行为提供便利条件,帮助他人实施侵犯商标专用权行为的;

(7)给他人的注册商标专用权造成其他损害的。

国家知识产权局印发《商标侵权判断标准》的通知(2020年6月15日国知发保字〔2020〕23号),该"标准"为当事人协商解决商标侵权纠纷、行政机关认定处理商标侵权的提供了具体政策依据。

3.注册商标专用权的侵权责任及处理方式

(1)发生《商标法》第57条所列的侵权情形,当事人自行协商解决,或者请求工商行政管理部门处理,也可以依照《民事诉讼法》向人民法院起诉,要求侵权人向注册商标权利人赔偿损失。

（2）侵权的行政处罚：工商行政管理部门认定侵权成立，可以作出下列处理：责令立即停止侵权行为，没收、销毁侵权商品和主要用于制造侵权商品、伪造注册商标标识的工具，并处罚款。

工商行政管理部门在处理过程中，发现侵犯注册商标专用权的行为，涉嫌犯罪的，应当及时移送司法机关依法处理。

但是，销售不知道是侵犯注册商标专用权的商品，能够证明商品是自己合法取得并说明提供者的，由工商行政管理部门责令停止销售。

二、企业商标法律事务

1. 制定商标保护制度，包括商标取得、使用以及企业商标合规专用制度等。

2. 商标申请前期准备，商标法律、行政法规和相关政策查询。

3. 商标申请委托代理机构代理合同订立。

4. 商标的管理，包括注册商标的续展办理、许可和转让合同的订立与履行。

5. 商标的保护，包括对商标纠纷的协商、起诉与应诉。

附 录

商标管理制度

第一章 总 则

第一条 商标管理目标：通过正确运作商标战略和策略，不断提高商标的信誉价值，争创驰名商标，利用商标推动产品开拓市场、参与竞争、发展生产、提高企业效益。

第二条 商标管理的策略：建立规范的商标管理制度；确保本公司商标的显著性独创性和价值性；确保商标国际国内注册的及时性；确保商标依法正确使用；确保商标所指定产品质量与创新；确保商标服务信誉；确保合理宣传投入；确保商标专用权不容侵犯与价值的不断增值。

第二章 商标的管理

第三条 本公司的知识产权管理部是商标管理的主管部门，其职责包括：

（一）负责制定商标管理的规章制度；

（二）负责商标的申请、注册、续展、转让、评估、使用许可的审核工作；

（三）负责处理公司商标被侵权及纠纷案件工作；

（四）指导、监督下属企业，关联企业的商标管理工作。

（五）负责商标的档案管理、信息处理；

（六）提供商标专业知识咨询服务及培训教育；

（七）负责与政府行政管理部门联络；

（八）负责有关商标的其他事项。

第四条 产品开发部门在新产品开发初期，应同时考虑新产品商标的使用，并应根据国家商标的审核周期提前向办公室申报注册商标。

第五条 本公司知识产权管理部门应根据集团公司的经营战略需要，按国际商标注册的规则办理境外商标注册。

第六条 为避免注册商标在相关类别或类似商标被他人抢注，全体员工有义务配合本公司知识产权管理部做好联合商标、防御性商标的设计与注册。

第七条 商标查询日起至国家商标局对商标申请核准注册之日止，

为本公司特定的商业秘密保护期。

第八条 做好商标的档案管理。应遵循维护档案资料的完整性、真实性、安全性的原则,统一存档管理。

第三章 商标的使用管理

第九条 企业将商标划分为注册商标、未注册商标进行分类管理。对于注册商标实施严格的日常跟踪管理;对于未注册商标采取动态跟踪管理。

第十条 对所注册的商标在使用过程中应做到注册商标与印制商标标识完全一致,不得擅自改变其组合与图案。对于注册商标,必须在国家商标局核定使用的范围内使用,不得超出核定使用的范围使用注册商标。

第十一条 如确实需要扩大注册商标的使用领域,应通过申报的形式由知识产权管理办公室确定后,采取新注册商标的形式解决,不得在未核定使用的商品或服务范围使用注册商标并打上注册标记。

第十二条 使用未注册商标,不得在商标上加上注册标记。使用未注册商标的产品或服务经过一定时间的宣传,产品或服务已经在一定地域范围具有相应的知名度,且产品或服务有发展前景时,必须立即申请注册商标。

第十三条 对注册商标的使用,应建立注册商标日常管理制度。广告宣传、销售、财务等机构,对于注册商标的信息应当及时反馈给企业知识产权管理办公室。

第十四条 国家商标局规定,连续三年不使用的注册商标将有可能被依法撤销。故对企业的注册商标,应每年进行内部检查,列出存在的问题并作出整改措施。在注册期届满前,应及时进行续展。

第十五条 商标标识应由专人负责,按《商标印制管理办法》办理。企业委托印制机构印制注册商标标识,应依法律规定出具委托书和商标注册证复印件,对相关资料存档保留。对印制出来的商标标识和数量予以查验,对印制质量不合格的,应在企业商标管理人员的监督下予以彻底销毁,并办理交接和登记手续。

第十六条 经企业知识产权管理部同意,通过谈判协商许可他人使用本企业的注册商标,必须有严格的产品和服务质量保障,以及商标使用最低数量限度要求。商标使用许可合同应当报国家商标局备案。

第十七条 企业以商标权投资,必须在有关投资文件中明确商标投资方式,商标作价金额,使用商标的商品品种、数量时限及区域,商标收益分配、商标许可使用的税费承担,企业终止后商标的归属等内容。对外合作,对方以注册商标使用权投资或者投资中含注册商标为条件的,应对其注册商标加以评估,在评估基础上综合考虑后确定价格。我方以注册商标使用权为合作条件或者转让注册商标时,应在协商一致的前提下,通过评估确定价格。

第十八条 商标是构成企业无形资产的重要范畴,商标的价值可通过委托评估的方式确定。

第十九条 商标的使用必须按公司下达的计划生产,按规定程序领取,未经批准不得擅自发放。商标标识由专人保管,并建立出入库台账,对废、次商标的销毁要有记录,由主管领导签字后由商标管理人员处理。任何人不得处理商标标识,未经批准盗取商标标识的行为属于非法行为,公司将依规定严肃处理,情节严重的,可报请有关部门依法追究其刑事责任。

第二十条 企业做好商标档案管理工作:收集与商标注册相关

的(包括设计过程、设计说明、设计日期、申请日期等)文件;收集整理保护商标专用权(包括商标案件投诉材料,执法机关检查和处理情况等)等材料;收集整理商标使用在每个商品上的营业成绩记录,用于宣传商标的广告等材料。

第二十一条　企业确定商标行为与经营行为统一,商标信誉与企业信誉统一,商标优势与企业优势统一的"三统一"发展战略。积极培育商标信誉高的驰名商标。

第四章　商标权的保护

第二十二条　企业商标注册信息、使用信息、商标策略等,作为企业的商业秘密,员工应依照商业秘密保守规则予以保密。

第二十三条　企业在经营管理中,发现有侵犯或可能侵犯本企业注册商标的行为时,应及时向企业的有关职能部门汇报,对于严重的商标侵权行为,应在企业知识产权管理办公室的统一指挥下采取应对措施。

第二十四条　企业积极协助行政执法机关和司法机关打击假冒侵权行为,并将打假活动的相关资料留存入档,以维护企业合法权益。

第二十五条　企业对于保护商标权益工作做出重大贡献的人员给与适当的精神和物资奖励,对于侵犯企业商标权的人员或者严重失职者,依法给予处分。

第五章　附　则

第二十六条　本制度未尽之规定,以最大限度保护本企业注册商标为原则处理。

第二十七条　本制度在执行过程中如有与国家法律、法规相抵触的,以国家法律法规为准。

第二十八条　本制度由企业知识产权管理部负责编制并解释。

第二十九条 本制度自颁布之日起实施。

（来源：最高人民检察院涉案企业合规研究指导组《涉案企业合规办案手册》中的涉案企业整改案例）

第五节
知识产权案例

一、刑事案例：张某某等假冒商标罪，侵犯著作权罪

基本案情：2017年初，义乌市公安局查获，被告单位义乌市楚菲化妆品有限公司（以下简称楚菲公司）经该公司法定代表人张某某决定，于2016年底以来，伙同他人未经注册商标持有人许可，生产假第990446号"Vaseline"、第212780号"MAYBELLINE"、第834258"M.A.C"等商标的化妆品牟取非法利益。经联合利华（中国）投资有限公司、欧莱雅（中国）有限公司及化妆艺术有限公司鉴定，由被告公司生产的标有第990446号"Vaseline"、第212780号"MAYBELLINE"、第834258"M.A.C"等商标的化妆品均属于假冒。查扣案值总计40万余元。同期，张某某还伙同他人未经著作权人许可，在楚菲公司生产出售带有"LAKME"美术作品图样的化妆品牟取非法利益。案值39万余元。义乌市人民检察院向义乌市人民法院对被告单位与被告张某某提起刑事诉讼。

2017年3月19日，义乌市人民法院认定被告单位犯假冒商标罪，判处罚金21万元；侵犯著作权罪，判处罚金20万元；数罪

并罚判处罚金41万元。认定张某某假冒商标罪,侵犯著作权罪,数罪并罚判处罚金41万元,执行有期徒刑五年六个月。

(来源:最高检察院公布2018年检察机关保护知识产权典型案例三)

二、技术秘密案例:"香兰素"技术秘密高额判赔案

基本案情:嘉兴中华化工公司与上海欣晨公司共同研发了酸法生产醛香兰素工艺,并将之作为技术秘密保护。嘉兴中华化工公司基于这一工艺一跃成为全球最大的香兰素制造商,占据香兰素全球市场份额的60%。嘉兴中华化工公司认为王龙集团公司、王龙科技公司、喜孚狮王公司、傅某某、王某某等未经许可使用香兰素生产工艺,侵害其技术秘密,起诉至浙江省高院,请求上述侵权人停止侵权,赔偿损失人民币5.02亿元。浙江省高院认定被告侵权成立,判决被告立即停止使用,赔偿损失人民币300万元及合理开支50万元。因当事人上诉,嘉兴中华化工公司将上诉请求被告赔偿人民币1.77亿元。最高法院考虑,本案涉及技术秘密商业价值巨大、侵权规模大、时间长、被告拒不执行生效行为保全裁定、性质恶劣等因素。判决被告连带赔偿权利人经济损失1.59亿元。同时,法院决定将该案移交公安机关侦查。

(来源:最高人民法院知识产权法庭2020年10件技术类知识产权典型案例之三)

三、专利案例:罗某与永康市兴宇五金制造厂、浙江司贝宁工贸有限公司侵害外观设计专利权纠纷案

基本案情:罗某是ZL201630247806.0号"门花(铸铝艺术–2)"

外观设计专利权人，指控浙江司贝宁工贸有限公司（以下简称司贝宁公司）印制在宣传册中的一款门花产品构成侵权，遂起诉至法院。经比对，被控侵权设计与授权外观设计构成近似。司贝宁公司提交证据证明，在涉案专利申请日前，在一微信账户的朋友圈中已经发布前述设计，遂主张现有设计抗辩。杭州市中级人民法院经审理后认为：专利法中规定的现有设计应当是指该设计在专利申请日前已经处于能够为公众获得的状态，具有被获知的可能性，而非要求其已经实际被公众获得。本案中，首先，微信朋友圈并不是一种具有高度私密性的社交媒体，相反却具有较强的开放性，可以通过设置使其对所有人可见。浏览朋友圈内容的微信好友也不负有保密义务，而是可以转发，甚至下载后以其他形式作进一步传播与公开。故发布在朋友圈的内容存在被不特定公众所知的可能。其次，发布涉案朋友圈的微信号是一营销用微信账户，通过朋友圈推销产品，朋友圈中所发布的产品已经在售，公众已经可以购买并使用。作为门花的设计，一旦公开销售或使用即已经为不特定公众所知。因而，该朋友圈内容可以作为现有设计抗辩的依据。杭州市中级人民法院据此驳回了罗某的全部诉讼请求。

一审宣判后，罗某不服，向浙江省高级人民法院提起上诉。经审理，浙江省高级人民法院判决驳回上诉，维持原判。

案件索引：一审：杭州市中级人民法院（2017）浙01民初1795号；二审：浙江省高级人民法院（2018）浙民终551号

本案入选"2018年度浙江法院十大知识产权案件"。

入选理由：本案涉及朋友圈发布的内容能否作为现有设计抗辩依据的问题。本案所涉朋友圈的发布者系市场经营者，出于推销产品目的而发布朋友圈消息的,可以认定为符合现有设计抗辩的条件。此外,出于推销目的在朋友圈发布产品,该产品可能已经被实际销售或使用,进而被公众知晓,构成现有设计。本案的裁判对于探索互联网环境下知识产权裁判规则具有积极意义。

(来源:《杭州知识产权法庭发布5周年典型案例(2017—2022)》,浙江普法,2022年9月11日)

本章小结

- 知识产权是民事主体的民事权利。

  (1)专利权与商标权是需要通过申请、经行政主管部门审查批准才产生的民事权利。

  (2)著作权与商业秘密专有权,从有关创作活动完成时起,就依法产生。

- 知识产权作为民事权利,其主要是财产权利,是企业的宝贵财富。

  (1)企业要尊重人才、鼓励创新、保护创新。

  (2)企业要依法运用知识产权,保护知识产权。

- 关注知识产权专项合规。

  (1)制订知识产权专项合规计划。

  (2)制定知识产权专项合规制度。

第八章

物权法律知识

企业怎样保护自身物权?

企业怎样利用物权担保规则保护债权的安全?

企业怎样利用物权担保功能盘活资产?

企业怎样利用物权担保功能融资以及降低融资成本?

本章通过解读有关法条,分析案例,介绍《民法典》物权编的法律规定,帮助小微企业经营者运用物权法律维护自身合法权益。相信阅读本章,有助于企业经营者解决与物权相关的问题。

第一节
概　述

物权是权利人依法对特定物享有直接支配和排他的权利,是民事主体财产权的重要组成部分。《民法典》第3条规定,民事主体的人身权利、财产权利以及其他合法权益受法律保护,任何组织或者个人不得侵犯。

《民法典》从"物"的角度,将物权分为不动产物权和动产物权,并对不动产物权作出设立、变更、转让和消灭的规定,对动产物权作出设立和转让规定。《民法典》又从物之"权"的角度,将其分为所有权、用益物权、担保物权。所有权包括国家所有权、集体所有权、私人所有权;用益物权包括土地承包经营权、建设用地使用权、宅基地使用权、居住权和地役权;担保物权包括抵押权、质权、留置权。

第二节
不动产、动产的法律规定

一、物权的法律制度

《中华人民共和国民法典》物权编(2021年1月1日施行)

《最高人民法院关于适用〈中华人民共和国民法典〉物权编的解释》(2021年1月1日施行)

《最高人民法院关于适用〈中华人民共和国民法典〉有关担保制度的解释》(2021年1月1日施行)

二、不动产物权

(一)我国法律对不动产物权实行登记原则

不动产物权实行登记原则,意味着不动产设立、变更、转让和消灭,经依法登记,才发生效力;未经登记,不发生效力,但是法律另有规定的除外。

根据《民法典》规定,不动产物权变动的公示方式为登记。其原因在于不动产附着于土地并且通常价值较高,由专门机构审查记录,能最大限度保护不动产交易安全,保护不动产交易当事人的合法权益。

> **提示**
>
> 房产属于不动产,购买房产务必办理登记,因为"未经登记,不发生效力",购房者的房产物权得不到法律保护。

(二)"预告登记"能够更好保护购买者将来实现物权

1. 预告登记的概念。预告登记,是指当事人所期待的不动产物权变动所需要的条件缺乏或者尚未成就时,为保障这一不动产未来发生物权变动为目的的债权请求权的实现,向登记机构申请办理的预先登记。

例如,某房产公司对其开发的商品房期房进行预售,购房者与开发商签订商品房买卖合同，支付购房款，或者支付购房首付款以及银行按揭款，不能同时取得该商品房使用权以及通过办理房产证取得该商品房的所有权，购房者对该商品房的使用权与房产权属证要在将来才可取得。

2. 预告登记的效力。房屋买卖的当事人，按照约定可以向登记机构申请预告登记，预告登记后，未经预告登记的权利人同意，处分该不动产的，不发生物权效力。

3. 预告登记的时效。预告登记后，债权消灭或者自能够进行不动产登记之日起90日内未申请登记的，预告登记失效。

预告登记"为了保障将来实现物权"，包含以下效力：1. 保障债权实现的效力，指保障预告登记的债权能够在未来顺利转化为物权，并使得未来的物权变动顺利、有序进行；2. 对抗第三人的效力，即阻止第三人取得与预告登记权利相矛盾的物权；3. 限制物权处分的效力，指原物权人的处分行为受到法律限制；4. 确定权利顺位的效力，即经过预告登记的权利可以优先于其他权利而实现。

三、动产物权的交付生效原则

动产物权的设立和转让，自交付时发生效力，但是法律另有规定的除外。

"法律另有规定的除外"：特定的动产物的变动，要依据相关法律规定办理。如《民法典》第225条：船舶、航空器和机动车物权变动采取登记对抗主义，即船舶、航空器和机动车等的物权的设立、变更、转让和消灭，未经登记，不得对抗善意第三人。

四、物权保护请求权

1. 物权确认请求权：针对物权归属、内容的争议。

2. 返还原物请求权：针对无权占有不动产或者动产的争议。

3. 排除妨碍、消除危险请求权：针对妨碍或者可能妨碍物权行为。

4. 修理、重作、更换或者恢复原状请求权：针对造成不动产或者动产毁损的情形。

5. 物权损害赔偿权：针对侵害物权，造成权利人损害的情形。

第三节
土地承包经营权、建设用地使用权的法律规定

一、土地承包经营权

（一）土地承包经营权的内容

土地承包经营权人依法对其承包经营的耕地、林地、草地等享有占有、使用和收益的权利，有权从事种植业、林业、畜牧业等农业生产。

（二）土地承包期限

耕地的承包期为30年。草地的承包期为30年至50年。林地的承包期为30年至70年。前款规定的承包期届满，由土地承包经营权人依照《农村土地承包法》规定继续承包。

(三)土地承包经营权人的基本权利

土地承包经营权人有权在合同约定的期限内占有农村土地,自主开展农业生产经营并取得收益。

> **案例**
>
> **土地承包经营权纠纷**
>
> 案号:一审浙1127民初479号,二审浙11民终1065号
>
> 基本案情:1991年,浙江省某县金村村民委员会在完善林业生产责任制时,与石某签订坐落于该村名为"箬圲"的山林土地承包经营协议书,承包期限三十年。2018年,某县在金村建设水库,涉及征用石某"箬圲"的山林土地,补偿款达200多万元,因石某在2017年去世,该款由石某儿子小石继承。2020年,该村部分村民向法院起诉,以案涉的山林土地承包经营协议书在1991年签订时程序不规范,损害了村集体公共利益为由,要求法院判决案涉土地承包经营协议书无效。
>
> 一审法院认为,依法成立的农村土地承包经营合同应当受法律保护,村民没有证据证明该协议书无效,法院判决驳回原告的诉讼请求。原告不服一审判决,提起上诉。二审法院维持原审法院判决。

二、建设用地使用权

(一)建设用地使用权的出让方式

采取出让或者划拨等方式,严格限制划拨方式设立建设用地使用权。

(二)土地用途限定规则

建设用地使用权人应当合理利用土地,不得改变土地用途;需要改变土地用途的,应当依法经有关行政主管部门批准。

(三)建设用地使用权期限

住宅建设用地使用权期限届满的,自动续期。非住宅建设用地使用权期限届满后的续期,依照法律规定办理。

> **提示**
>
> 以往有一些企业的工业用房经审批,变更为商住用房,获利丰厚,但一些效仿者违法改变土地用途,不仅无利可图,还因此陷入困境。

第四节
担保物权的法律规定

一、担保物权的一般规定

(一)担保物权的概念

担保物权人在债务人不履行到期债务或者发生当事人约定的实现担保物权的情形,依法享有就担保财产优先受偿的权利,但法律另有规定的除外。

(二)担保物权适用范围

债权人在借贷、买卖等民事活动中,为保障实现其债权,需要担保的,可以依照《民法典》和其他法律的规定设立担保物权。

（三）反担保

第三人为债务人向债权人提供担保的，可以要求债务人提供反担保。反担保适用《民法典》和其他法律的规定。

（四）担保范围

担保物权的担保范围包括主债权及其利息、违约金、损害赔偿金、保管财产和实现担保物权的费用，当事人另有约定的，按照其约定。

二、抵押权

（一）抵押权的概念

为担保债务的履行，债务人或者第三人不转移财产的占有，将该财产抵押给债权人的，债务人不履行到期债务或者发生当事人约定的实现抵押权的情形，债权人有权就财产优先受偿。

（二）可抵押财产的范围

债务人或者第三人有权处分的下列财产可以抵押：

1. 建筑物和其他土地附着物；

2. 建设用地使用权；

3. 海域使用权；

4. 生产设备、原材料、半成品、产品；

5. 正在建造的建筑物、船舶、航空器；

6. 交通运输工具；

7. 法律、行政法规未禁止抵押的其他财产。

（三）禁止抵押的财产范围

1. 土地所有权；

2. 宅基地、自留地、自留山、等集体所有土地的使用权,但是法律有规定可以抵押的除外;

3. 学校、幼儿园、医疗机构等为公益目的成立的非营利法人的教育设施、医疗卫生设施和其他公益设施;

4. 所有权、使用权不明或者有争议的财产;

5. 依法被查封、扣押、监管的财产;

6. 法律、行政法规规定不得抵押的其他财产。

(四)抵押合同

抵押合同基本条款为:

1. 被担保债权的种类和数额;

2. 债务人履行债务的期限;

3. 抵押财产的名称、数量等情况;

4. 担保的范围。

(五)不动产抵押权的设立

不动产抵押权自登记时设立。正在建造的建筑物抵押的应当办理抵押登记。

(六)抵押权与租赁权的关系

抵押权设立前,抵押财产已经出租并转移占有的,原租赁关系不受该抵押权的影响。

三、动产质权

(一)动产质权的概念

为担保债务的履行,债务人或者第三人将其动产出质给债权人占有的,债务人不履行到期债务或者发生当事人约定的实现质权的情形,债权人有权就该动产优先受偿。

(二)质押合同的基本条款

1. 被担保债权的种类和数额;

2. 债务人履行债务的期限;

3. 质押财产的名称、数量等情况;

4. 担保的范围;

5. 质押财产交付的时间、方式。

(三)质权的设立

质权自出质人交付质押财产时设立。

四、权利质权

债务人或者第三人有权处分的下列权利可以出质:

1. 汇票、本票、支票;

2. 债券、存款单;

3. 仓单、提单;

4. 可以转让的基金份额、股权;

5. 可以转让的注册商标专用权、专利权、著作权等知识产权中的财产权;

6. 现有的以及将有的应收账款;

7. 法律、行政法规规定的可以出质的其他财产权利。

五、留置权

(一)留置权的概念

债务人不履行到期债务,债权人可以留置已经合法占有的债务人的动产,并有权就该动产优先受偿。

(二)留置权优先于其他担保物权效力

同一动产上已经设立抵押权或者质权,该动产又被留置的,留置权人优先受偿。

案例

担保物权人优先受偿

基本案情:林某向银行借款,以其一套房产抵押担保,并办理了该房产的他项权证。后因林某逾期还款付息,银行起诉请求法院判林某还本付息,并在拍卖林某房产所得款项中优先受偿。法院判决支持银行的诉讼请求。

法律依据:《民法典》第386条规定,担保物权人在债务人不履行到期债务或者发生当事人约定的实现担保物权的情形,依法享有就担保财产优先受偿的权利,但是法律另有规定的除外。

本章小结

- 物权的设立、变更、转让和消灭要严格依法办理,才能保护物权。

- 合理利用包含的所有权、用益物权、担保物权和占有权的物权权益对企业经营者有重要意义。

第九章
侵权责任的法律规定

企业如何免受侵权?被侵权之后如何维护自身权益?

经营场所的经营者、管理者如何履行安全保障义务,才能避免侵权风险?

侵权是企业的风险源之一,侵权会导致企业承担侵权的法律责任,个人尤其是企业经营者十分有必要了解侵权责任的法律规定。本章讲解侵权责任法律规定,辅以相关案例,帮助企业及经营者理解侵权责任,防控侵权风险,维护企业权益。

第一节
侵权责任的一般规定

一、侵权责任适用法律

《民法典》第 1164 条规定,侵权责任调整因侵害民事权益产生的民事关系。

这里的"民事权益"的内容,即为《民法典》第 3 条规定的内容,包括人身权利、财产权利及其他合法权益。

二、侵权责任的三个归责原则

1. 过错责任原则。行为人因过错侵害他人民事权益造成损害的,应当承担责任。

2. 过错推定责任原则。依照法律规定推定行为人有过错,其不能证明自己没有过错的,应当承担责任。

3. 无过错责任原则。行为人造成他人民事权益损害,不论行为人有无过错,法律规定应当承担侵权责任。

三、侵权的责任负担及民事责任承担方式

(一)侵权的责任负担

1. 侵权行为人承担连带责任;2. 按责任大小,各自承担侵权责任;3. 难以确定责任大小的,平均承担责任;4. 被侵权人有过错

的,减轻侵权行为人的责任;5.损害是因受害人故意造成的,行为人不承担责任;6.损害是因第三人造成的,第三人应当承担责任;7.自愿参加具有一定风险的文体活动,因其他创建者的行为受到损害的,如非故意,由其自担风险。

(二)侵权民事责任承担方式

1.停止侵害;2.排除妨碍;3.消除危险;4.返还财产;5.恢复原状;6.赔偿损失;7.消除影响、恢复名誉;8.赔礼道歉;9.法律规定适用惩罚性赔偿的,依照其规定。

以上承担民事责任的方式,可以单独适用,也可以合并适用。

第二节
侵权责任主体的特殊规定

一、用人单位责任

用人单位的工作人员因执行工作任务造成他人损害的,由用人单位承担侵权责任。用人单位承担侵权责任后,可以向有故意或者重大过失的工作人员追偿。

二、劳务派遣单位责任

劳务派遣期间,被派遣的工作人员因执行工作任务造成他人损害的,由接受劳务派遣的用工单位承担侵权责任;劳务派遣单位有过错的,承担相应责任。

三、个人之间劳务关系中的侵权责任

个人之间形成劳务关系,提供劳务一方因劳务造成他人损害的,由接受劳务一方承担侵权责任。接受劳务一方承担侵权责任后,可以向有故意或者重大过失的提供劳务一方追偿。提供劳务一方因劳务受到损害的,根据双方各自的过错承担相应的责任。

四、承揽关系中的侵权责任

承揽人在完成工作过程中造成第三人损害或者自己损害的,定作人不承担侵权责任。但是,定作人对定作、指示或者选任有过错的,应当承担相应的责任。

五、网络侵权责任

网络用户、网络服务提供者利用网络侵害他人民事权益的,应当承担侵权责任。法律另有规定的,依照其规定。

六、违反安全保障义务的侵权责任

宾馆、商场、银行、车站、机场、体育场馆、娱乐场所等经营场所、公共场所的经营者、管理者或者群众性活动的组织者,未尽到安全保障义务,造成他人损害的,应当承担侵权责任。

因第三人的行为造成他人损害的,由第三人承担侵权责任。

以上内容有两层意思:一是受害人的损害是由第三人实施的加害行为,如果安全保障义务人履行了义务,应当由第三人承担侵

权责任。二是安全保障义务人有过错的,其应当在未尽到安全保障义务的范围内承担相应的赔偿责任。

经营者是否尽到安全保障义务,有个一般标准,即经营者对于一般的被保护人有将隐蔽性危险告知的义务,对受邀请进入经营领域的人有一般保护事项。

案例

安全保障义务侵权纠纷

关键词:安全保障义务主体责任不因"外包"转移

裁判书字号:北京市海淀区人民法院(2020)京0108民初21884民事判决书

原告杨某某起诉被告超市、环境科技公司违反安全保障义务,侵犯其身体权、健康权,承担赔偿责任。

超市认为,原告摔伤与超市地面积水有关,而超市把超市清洁卫生外包给环境科技公司,因此原告摔倒与超市无关。

法院认为,超市上述抗辩,并非其不承担安全保障义务的理由,不予采纳。杨某某作为成年人,其穿着底面磨损严重的鞋外出活动,具备一定过错。本案侵权赔偿医疗费、护理费、伙食补助费、交通费、鉴定费等合计72830.77元,由超市承担70%的赔偿责任,支付给杨某某48722.54元,杨某某承担30%的侵权赔偿责任。法院判决:超市支付给杨某某各项费用合计48722.54元。

提示

超市承担了赔偿责任之后,可以根据与环境科技公司的外包协议的约定来判断是否有追偿权。

损害事故应综合认定

关键词：经营者安全保障义务应结合损害事故综合认定

裁判书字号：山东省济南市中级人民法院（2020）鲁01民终1793民事判决书

原告（被上诉人）：董某某

被告（上诉人）：某酒店

被告：某酒店分店

原告请求被告承担侵权责任，赔偿其医疗费等合计124118.29元。

一审法院审理认为，某酒店分店作为酒店经营部门，在其停车场周边设置铁链，没有设置任何安全警示标志，导致路过的董某某被铁链绊倒摔伤，疏于履行自己合理限度内的安全保障义务，其行为具有一定的过错，原告也具有一定过错，其赔偿责任由某酒店承担，原告与被告某酒店各方各承担50%的赔偿责任。

一审判决：被告某酒店赔偿原告40179.45元。

被告（上诉人）某酒店不服一审判决提起上诉。济南市中级人民法院审理认为：本案中，事故发生地点位于某酒店分店停车场内，该停车场以酒店外墙、停车杆、护栏和绿化带等与外界隔离，是某酒店分店管理区域内的独立场所，并非行人通行的正常道路。该停车场与其他酒店停车场相邻，某酒店分店设置隔离桩及铁链与其他酒店相隔离,属于正常的内部管理行为,其行为不存在过错。董某某从涉案酒店所属的停车场穿行,并非在正常的人行道上行走。同时,董某某行走时一直低头看手机,行至上述隔离设置处时,仍然边低头看手机,边行走,以致未抬脚跨越隔离物,从而摔倒。董某某摔倒是其未在正常道路行走且未注意观察道路情况,与上述某酒店分店隔离设置物没有因果关系,故对董某某的诉讼请求不予支持。

济南市中级人民法院判决:一、撤销济南高新技术产业开发区人民法院民事判决;二、驳回董某某诉讼请求。

提示

一、侵权责任纠纷中判断经营者是否在合理范围内承担了安全保障义务,《经营者安全保障义务的合理范围》一文认为:一是消除内部不安全因素,为消费者创造一个安全的消费环境;二是通过对外部不安全因素的防范,制止第三方对消费者的侵害;三是不安全因素的提示、说明、劝告、协助义务;四是对于已经或者正在发生的危险,进行积极的救助,以避免损害的发生或者减少损害。经营者可以对照以上四方面,检查健全经营场所的安全保障工作。

二、注意环境安全管理:1.对溢出物管理;2.对垃圾管理。避免溢出物和垃圾使人滑倒,造成人身伤害的事故发生。

三、注意设备设施安全管理:1.货架的安全管理;2.购物车安全管理;3.叉车等安全管理;4.堆放物的安全管理;

5. 水、电、电器的安全管理。

　　四、人员的安全管理：1. 员工的安全教育；2. 顾客的安全管理；儿童爬购物车的劝阻；儿童无人监管的处理；节假日人流量的控制管理、引导。

　　五、消防安全管理：1. 消防设施管理；2. 消防通道的畅通；3. 紧急出口的畅通。

第三节
产品责任

一、产品生产者侵权责任

因产品存在缺陷造成他人损害的生产者应当承担侵权责任。

二、生产者、销售者向第三人的追偿权

因运输者、仓储者等第三人的过错使产品存在缺陷，造成他人损害的，产品的生产者、销售者赔偿后，有权向第三人追偿。

三、产品责任中的惩罚性赔偿

"惩罚性赔偿"的目的不单在填补被侵权人的损害，更重在对侵权人的行为构成惩戒和威慑。

《民法典》第1185条规定，故意侵害他人知识产权，情节严重

的，被侵权人有权请求相应的惩罚性赔偿。

《民法典》第1207条规定，明知产品存在缺陷仍然生产、销售，或者没有依法采取有效补救措施，造成他人死亡或者健康严重损害的，被侵权人有权请求相应的惩罚性赔偿。

《民法典》第1232条规定，侵权人违反法律规定故意污染环境、破坏生态造成严重后果的，被侵权人有权请求相应的惩罚性赔偿。

《消费者权益保护法》第55条规定，故意违反国家规定污染环境、破坏生态，在赔偿实际损失后，再赔偿实际损失两倍以下的惩罚责任。

2019年修订的《商标法》首先规定"惩罚性赔偿"规则，该法第63条规定："对恶意侵犯商标专用权，情节严重的，可以在按照上述方法确定数额的一倍以上五倍以下确定赔偿数额。赔偿数额应当包括权利人为制止侵权行为所支付的合理开支。"

案例

消费欺诈的判惩罚性赔偿

关键词：经营者未履行商品信息告知义务，被认定构成消费欺诈，被判承担惩罚性赔偿责任

案件号：浙江省温州市中级人民法院（2020）浙03民终732号民事判决书

温州市中院审理认为，家电公司销售给何某某的空调，存在未履行商品信息告知义务行为，构成欺诈，判决：一、撤销一审民事判决；二、家电公司于本判决生效之日起十日内退还何某某购买空调机款（包括配件）33200元，以空调机款

29000元的三倍赔偿何某某87000元;三、何某某将所购空调机退还家电公司。

商标侵权及不正当竞争

关键词:商标侵权及不正当竞争适用惩罚性赔偿经济损失

案件索引:一审杭州市中级人民法院(2019)浙01民初412号,二审浙江省高级人民法院(2021)浙民终294号

本案入选"2021年中国法院10大知识产权案件"。

案件名称:惠氏有限责任公司(简称惠氏公司)、惠氏(上海)贸易有限公司(简称惠氏上海公司)与广州惠氏宝贝母婴用品有限公司(简称广州惠氏公司)、广州正爱日用品有限公司、杭州单恒母婴用品有限公司、青岛惠氏宝贝母婴用品有限公司、陈某、管某侵害商标权及不正当竞争纠纷案。

入选理由:惠氏有限责任公司在研究、开发、制造和销售婴幼儿奶粉等方面处于全球领先地位,是"惠氏""Wyeth"等商标的商标权人。从20世纪80年代开始进入中国市场,长期推广使用"惠氏""Wyeth"商标,2015年惠氏有限责任公司旗下奶粉业务在中国市场的销售收入突破100亿元。

惠氏公司、惠氏上海公司向法院起诉广州惠氏公司等六被告停止商标侵权及不正当竞争行为,适用惩罚性赔偿经济损失人民币3000万元以及合理费用55万元。

杭州市中级人民法院经审理认定六被告在其生产、销售的被诉侵权产品、产品包装及宣传册上使用"惠氏""Wyeth"

"惠氏小狮子"标识并在网站上进行宣传的行为构成在类似商品上使用与惠氏公司注册商标相同或近似的商标,容易使相关公众对商品来源产生混淆,侵害了惠氏公司"惠氏""Wyeth"注册商标专用权,并认定青岛惠氏公司在企业名称中使用"惠氏"构成不正当竞争。经过计算,或者根据被告方人员自认的销售额,被告获利均超过了1000万元。因此,杭州市中级人民法院按照侵权获利的三倍计算赔偿金额后,全额支持了惠氏公司、惠氏上海公司赔偿金额的诉请。

一审宣判后,各被告不服,向浙江省高级人民法院提起上诉。经审理,浙江省高级人民法院判决驳回上诉,维持原判。

(来源:《杭州知识产权法庭发布5周年15件典型案例(2017—2022)》,浙江普法,2022年9月11日)

第四节
环境污染和生态破坏责任

一、举证责任倒置规则

因污染环境、破坏生态发生纠纷,行为人应当就法律规定的不承担责任或者减轻责任的情形及其行为与损害之间不存在因果关系承担举证责任。这与民事诉讼的"谁主张谁举证"的举证规则相反,要自证清白。

二、侵权人承担惩罚性赔偿责任

侵权人违反法律规定故意污染环境、破坏生态造成严重后果的，被侵权人有权获得侵权相应的惩罚性赔偿。

三、生态环境损害赔偿范围

违反国家制度造成生态环境损害的，国家规定的机关或者法律规定的组织有权要求侵权人赔偿下列损失和费用：

一是生态环境受到损害至修复完成期间服务功能丧失导致的损失；

二是生态环境损害功能永久性损害造成的损失；

三是生态环境损害调查、鉴定评估等费用；

四是清除污染、修复生态环境费用；

五是防止损害的发生和扩大所支出的合理费用。

本章小结

- 学习侵权责任制度以更好保障民事主体合法权益。
（1）民事主体合法权益，不单是民事权利，还包括民事权利之外的其他民事权益，如纯粹经济利益损失。
（2）被侵权人有权请求侵权人依法承担侵权责任。
- 学习侵权责任制度，有效预防侵权风险。
- 学习运用法律手段制裁侵权行为，维护自身合法权益。

第十章
企业民事诉讼法律事务

　　生产经营、市场交易都免不了纠纷,通过诉讼解决纠纷是诉讼当事人的权利。民事诉讼俗称"打官司"。

　　怎么"打官司"? 遇上"官司"怎么应诉?

　　怎么办理申请法院强制执行的法律事务?

　　我国民事诉讼的流程大致可以分为起诉阶段、审理阶段和执行阶段,本章列举民事诉讼基本流程中的常见问题,提醒作为民事诉讼当事人的企业尤其是企业法务人员注意应对。若企业自身无能力处理民事诉讼事务,则须聘请法律顾问指导或者委托律师办理。

第一节
概　述

一、《民事诉讼法》的任务、适用范围和民事诉讼的原则

《中华人民共和国民事诉讼法》（2021年12月24日第四次修正）是我国民事诉讼的程序法。

（一）《民事诉讼法》的任务

《民事诉讼法》的任务，是保护当事人行使诉讼权利，保证人民法院查明事实，分清是非，正确适用法律，及时审理民事案件，确认民事权利义务关系，制裁民事违法行为，保护当事人的合法权益，教育公民自觉遵守法律，维护社会秩序、经济秩序，保障社会主义建设事业顺利进行。

（二）《民事诉讼法》适用范围

人民法院受理公民之间、法人之间、其他组织之间以及他们相互之间因财产关系和人身关系提起的民事诉讼，适用《民事诉讼法》。

（三）民事诉讼的原则

一是诉讼当事人有同等的诉讼权利义务，人民法院对诉讼当事人的民事诉讼权利，实行对等原则。

二是独立审判原则。

三是以事实为依据，以法律为准绳原则。

四是诉讼权利平等原则。

五是根据自愿和合法的原则进行调解；调解不成的，应当及时判决。

六是依法实行合议、回避、公开审判和两审终审制度。

七是人民法院审理民事案件时，当事人有辩论的权利。

八是当事人应当遵循诚信原则。

九是支持受损害当事人向人民法院起诉。

提示

为了贯彻诚信原则，《最高人民法院关于适用〈中华人民共和国民事诉讼法〉的解释》(2022年4月10日施行)主要有以下几方面完善：一是明确对诉讼参与人或者其他冒充他人提起诉讼或者参加诉讼，证人签署保证书后作虚假证言等违反诚信原则的行为进行处罚；二是增加对虚假诉讼行为予以制裁的规定，打击当事人之间恶意串通，企图通过诉讼、调解等方式损害他人合法权益的行为；三是对当事人签署据实陈述保证书、证人签署如实作证保证书的程序及后果；四是增加规定失信被执行人名单制度；五是务必遵守诚信原则，违反诚信原则的法律后果很严重。

二、第一审普通程序

1. 原告起诉与人民法院受理。

2. 审理前的准备。如人民法院在立案之日起5日内将起诉状副本发送被告，被告应当在收到之日起15日内提出答辩。

3. 开庭审理。

4. 出现法律规定的情形，诉讼中止或者终结。

5. 作出判决或者裁定。

三、第二审程序

1. 上诉及上诉期限。当事人不服地方人民法院第一审判决的，有权在判决书送达之日起 15 日内向上一级人民法院提起上诉。当事人不服地方人民法院第一审裁定的，有权在裁定书送达之日起 10 日内向上一级人民法院提起上诉。

2. 第二审人民法院的判决、裁定，是终审的判决、裁定。

四、执行程序

1. 申请执行。发生法律效力的民事判决、裁定，当事人必须履行。一方当事人拒绝履行，对方当事人可以向人民法院申请执行。调解书和其他应当由人民法院执行的法律文书，当事人必须履行。一方当事人拒绝履行，对方当事人可以向人民法院申请执行。

2. 申请执行的期间为二年。期间的起算时间根据民事诉讼法的规定。

3. 被执行人有报告财产的义务。被执行人未按执行通知履行法律文书确定的义务，应当报告当前以及收到执行通知之日起前一年的财产情况。被执行人拒绝报告或者虚假报告的，人民法院可以根据情节轻重对被执行人或者其法定代理人、有关单位的主要负责人或者直接责任人予以罚款、拘留。

4. 出现法律规定的情形，执行中止或者终结。

五、审判监督程序

1. 申请再审。当事人对已经发生法律效力的判决、裁定,认为有错误的,可以向上一级人民法院申请再审。

2. 申请再审的期限。当事人申请再审,应当在判决、裁定发生法律效力后6个月内提出。有下列情形之一的,自知道或者应当知道之日起6个月内提出:

(1)有新的证据,足以推翻原判决、裁定的;

(2)原判决、裁定认定事实的主要证据是伪造的;

(3)据以作出原判决、裁定的法律文书被撤销或者变更的;

(4)审判人员审理该案件时有贪污受贿、徇私舞弊、枉法裁判行为的。

第二节
原告在起诉、审理阶段的注意事项

一、诉讼时效问题

当事人请求人民法院保护民事权利的诉讼时效的期间,要注意法律的不同规定。

(一)普通诉讼时效期间为三年

《民法典》第188条规定,向人民法院请求保护民事权利的诉讼时效期间为三年。

例如，王某甲向李某乙借款10万元，约定借款期限6个月。借款期限届满，王某甲没有还本付息，李某乙向人民法院请求保护自己的债权的诉讼时效期间为三年，也就是李某乙必须在借款期限届满之日起三年内向人民法院起诉王某甲还本付息。如果李某乙起诉王某甲，王某甲抗辩李某乙起诉诉讼时效已经逾期，李某乙要举证证明起诉王某甲诉讼时效期间没有逾期的有效证据，否则，李某乙的诉讼请求将可能得不到人民法院的支持。

（二）特殊的诉讼时效以及相关的法律问题

为了便于表述，本书将法律对普通诉讼时效之外诉讼时效称为"特殊的诉讼时效"。特殊的诉讼时效按照法律具体规定。

1. 分期履行债务诉讼时效的起算。《民法典》第189条规定，当事人约定同一债务分期履行的，诉讼时效期间自最后一期履行期限届满之日起计算。

2. 未成年人遭受性侵害的损害赔偿诉讼时效的起算。《民法典》第191条规定，未成年人遭受性侵害的损害赔偿请求权的诉讼时效期间，自受害人年满18周岁之日起计算。

3. 保证期间没有约定或者约定不明的情形，保证期间为主债务履行期限届满之日起6个月。特别要注意，保证期间是确定保证人承担保证责任的期间，不发生中止、中断和延长。

例如，王某甲向李某乙借款10万元，约定借款期限6个月。在该借款借条的落款担保人处，赵某丙签名。该借款期限届满，王某甲没有还本付息。因该借条没有约定赵某丙的保证期限，赵某丙的保证期间为主债务人王某甲借款期限届满之日起6个月。李某乙如果要起诉担保人赵某丙，应当在王某甲借款期限届满之日起 6 个月内提起，否则，赵某丙以保证期限逾期提出抗辩，人民法院可能不支持李某乙对担保人的诉讼请求。

4. 合同解除权行使期限。《民法典》第 564 条，法律规定或者当事人约定解除权行使期限，期限届满当事人不行使的，该权利消灭。法律没有规定或者当事人没有约定解除权行使期限，自解除权人知道或者应当知道解除事由之日起一年内不行使，或者经对方催告后在合理期限内不行使的，该权利消灭。

5. 民事法律行为撤销权的消灭期间。《民法典》第 152 条规定，有下列情形之一的，撤销权消灭：（一）当事人自知道或者应当知道撤销事由之日起一年内、重大误解的当事人自知道或者应当知道撤销事由之日起 90 日内没有行使撤销权；（二）当事人受胁迫，自胁迫行为终止之日起一年内没有行使撤销权；（三）当事人知道撤销权后明确表示或者以自己的行为表示放弃撤销权。当事人自法律行为发生之日起五年内没有行使撤销权的，撤销权消灭。

6. 不适用诉讼时效的情形。《民法典》第 196 条规定，下列请求权不适用诉讼时效的规定：（一）请求停止侵害、排除妨碍、消除危险；（二）不动产物权和登记的动产物权的权利人请求返还财产；（三）请求支付抚养费、赡养费或者扶养费；（四）依法不适用诉讼时效的其他请求权。

二、审慎审查证据、提交证据

《民事诉讼法》规定，证据包括当事人陈述、书证、物证、视听资料、电子数据、证人证言、鉴定意见、勘验笔录等八大类。

《民事诉讼法》和最高人民法院关于证据问题的有关规定,对提出诉讼请求一方或者提出抗辩意见或者反诉一方,都要求提交有效的足以证明案件事实的证据,通常称为"谁主张谁举证"。没有证据或者证据不足的,负有举证责任一方的当事人要承担不利甚至败诉的后果。因此,起诉之前要审慎审查证据,注意下列问题:

1. 证据要有证据原件。比如书面借条要有书面借条的原件。通过微信借款的有关借款的约定内容的聊天记录、支付借款资金给对方的记录,都要保存作为原件提交法庭质证。

2. 证明力不强的证据要补强。例如王某甲向李某乙借款10万元,王某甲出具借条一份给李某乙,李某乙以现金方式交付给王某甲。王某甲借款期限届满没有还本付息。李某乙起诉举证,鉴于王某甲表露没有收到10万元借款抗辩意图,李某乙仅有借条作为证据还不充分,还要查阅微信聊天记录能够证明交付案涉10万元的事实,或者搜集从银行取款的交易明细证明借款10万元的来源,或者交付10万元借款的在场人作为证人出庭作证。

3. 通过合法方式取得证据。法律规定证据要具有合法性。非法证据,例如通过侵害他人合法权益或者违反法律禁止性规定的方法取得的证据,不能作为认定案件事实的依据,当事人要承受证据无效的风险。

4. 申请人民法院取证。当事人及其诉讼代理人因客观原因不能自行收集的证据,可以申请人民法院调查收集。

5. 申请鉴定。例如对货物质量的争议,对损失价值的争议,可以通过申请法院或者双方协商通过专业机构鉴定，取得证明材料，作为证据。

6. 在证据可能灭失或者以后难以取得的情况下，当事人可以向人民法院申请保全证据。

7. 不得提供虚假证据。虚假证据不具有证明力，伪造证据、提供证据违反法律，可能承担严重的法律责任。

8. 根据诉讼策略的需要提交证据。当事人对多个证据，要围绕诉讼目的分析整理，根据诉讼目的以及预判对方的抗辩意见选择提交证据。对不确定对方是否会抗辩的内容，不必加重己方举证的负担；如果对方对有关内容提出抗辩意见，当事人可以补交回应对方抗辩意见的有关证据。

9. 多个证据的筛选举证。根据案件的事实以及判断诉讼当事人之间的法律关系，选择举证的证据。

案例

选择证据不当，承担不利后果

案情：2018年，四川某超市阿娟起诉刘某甲，案由为民间借贷纠纷，证据为一份借条，内容为"借条，刘某甲因资金周转需要，今向阿娟借款人民币50万元，月利率1.5%，借款期限一年。借款人刘某甲，日期2016年×月×日。"该案在审理时，刘某甲本人未到庭，其代理人认为借条是刘某甲所写，但其没有收到借款。阿娟没有向刘某甲交付50万元借款的证据。法官告知阿娟，如果不能提交交付借款的有效证据，要承担不利后果。

> 闭庭后，阿娟向笔者咨询，陈述案件基本情况：阿娟与刘某甲签订四川某超市转让协议，转让款216万元，刘某甲向阿娟支付转让款160万元，刘某甲口头承诺剩余50万元在6个月后支付。刘某甲到期后没有支付剩余50万元，要求欠款转为借款，出具借条一份给阿娟。
>
> 笔者指导阿娟，撤回本案起诉，另行起诉，案由为：买卖合同纠纷，诉讼请求为：要求被告向原告支付超市转让款50万元以及从欠款之日起至清偿之日止按欠款每月1.5%的标准赔偿利息损失。提交下列证据：四川某超市转让协议、160万元入账交易明细、借条，证明双方超市转让的有关事实，被告仅支付160万元、还欠款50万元的事实，以及50万元欠款的利率等事实。阿娟对该案件另行起诉时，双方通过法院调解结案。

10. 补充证据。案件在法庭审理时，可能是法官要求当事人提交有关证据，也可能是需要补充证据回应对方的抗辩意见，故对证据的补充事项要高度重视。

三、申请财产保全

为避免判决难以执行或者造成申请人其他损害的案件，申请人可以申请人民法院裁定对被告财产进行保全。

申请人在人民法院采取保全措施后30日内不依法提起诉讼或者仲裁的，人民法院解除保全。

第三节
被告在应诉、审理阶段的注意事项

一、对原告的起诉进行答辩

在收到人民法院的诉讼通知后，按照通知要求向人民法院提交答辩状。

在法院规定的答辩期限内进行答辩。答辩内容包括法院管辖权是否合法、诉讼主体是否适格、对原告诉讼时效是否逾期、原告诉讼理由是否充足、事实是否清楚、证据是否可以证明原告的主张等。

二、在法院通知的举证期限内举证

如果不能在法院要求的举证期限内举证，可以向法院申请延长举证期限。如果没有正当理由逾期举证，法院可能不采纳该证据，或者采纳该证据但予以训诫、罚款。

三、根据需要提出鉴定申请、证人出庭作证申请

被告可以根据查明案件事实的需要，依法申请鉴定。根据《民事诉讼法》规定，当事人可以就查明事实的专门性问题向人民法院申请鉴定。当事人申请鉴定的，由双方当事人协商确定具备资格的鉴定人；协商不成的，由人民法院指定。当事人未申请鉴定，人民法院对专门性问题认为需要鉴定的，应当委托具备资格的鉴定人进行鉴定。

被告对原告方证人的证言有异议的，有权申请该证人出庭接受质证。被告找到对己方有利的证人证言，也可以申请让他们出庭作证。

四、根据需要委托律师担任诉讼代理人

被告委托律师担任代理人，委托律师应该签订《代理协议》。最多只能委托两个律师（包括律师助理）担任代理人。

五、按法院通知的时间地点参加诉讼活动

法院通知的时间和地点必须遵守，但若遇到无法避免或克服的情况，不能准时应诉，可以向法院提出申请，法院经审查核实，一般会同意变更期日。如果没有正当理由不到庭应诉的，法院将进行缺席判决。如果是要求被告必须到庭的案件，经两次传票传唤，无正当理由拒不到庭的，可以拘传。

六、取得结案证明

所涉案件的判决、裁定生效之后，当事人自行协商结案的，当事人一方履行义务的同时，要求另一方配合向所在人民法院取得案件结案证明，以免日后另一方不予以配合，产生新的争议。

案例

宁波象山的吴某某与天津的毛某某民间借贷一案，经象山人民法院审理判决毛某某向吴某某归还借款100万元。判决生效之后，毛某某与吴某某达成协议，只要毛某某在2022年5月

> 20日之前一次性归还吴某某借款70万元，吴某某放弃另外30万元，该案件就结案。毛某某在2022年5月20日之前归还吴某某借款70万元。后毛某某向金融机构申请融资时，被告知，要求毛某某办理与吴某某民间借贷一案的结案证明。当毛某某要求吴某某配合到象山人民法院办理结案证明时，吴某某要求毛某某向其支付40万元人民币作为配合办理结案证明的条件。
>
> 毛某某只得委托律师，法院经办法官了解详情之后给毛某某办理了结案证明。

第四节 执行阶段的注意事项

一、申请人要注意的事项

1. 在法定期间内申请执行。民事判决、裁定发生法律效力后，如果对方拒绝履行义务，申请执行人必须在法定期间内申请执行。向人民法院申请强制执行的期间为两年。期限自生效法律文书确定的履行义务期限届满之日起算。法律文书规定分期履行的，从规定的每次履行期间的最后一日起计算。申请人执行人必须在法定期限内提出强制申请执行。无法定理由逾期申请的，将承担视为放弃申请执行，人民法院不予受理。

2. 及时向人民法院提供被强制执行人的财产线索。

二、被申请执行人要注意的事项

1. 在法定期限内申请再审。当事人对已经发生法律效力的判决、裁定，认为有错误的，可以向上一级人民法院申请再审；当事人一方人数众多或者当事人双方为公民的案件，也可以向原审人民法院申请再审。当事人申请再审的，不停止判决、裁定的执行。

当事人申请再审，应当在判决、裁定发生法律效力后6个月内提出；有《民事诉讼法》第207条第1、3、12、13款情形的，自知道或者应当知道之日起6个月内提出。

2. 被申请执行人要自觉履行发生法律效力的民事判决、裁定。

3. 被申请执行人按人民法院的要求申报财产。即使没有能力履行民事判决、裁定的义务，也要如实申报，否则可能被人民法院视为拒不履行发生法律效力的民事判决、裁定，而被采取拘留等强制措施。

4. 被申请执行人不得擅自解冻已被人民法院冻结的财产。

5. 被申请执行人可以申请取得案件结案证明。被申请执行人已经履行生效判决、裁定的法律义务，或者已经与申请执行人达成执行和解协议，且执行和解协议已经履行完毕，可以向人民法院申请取得案件结案证明。

6. 对违法的执行行为的异议。当事人、利害关系人认为执行行为违反法律规定的，可以向负责执行的人民法院提出书面异议。当事人、利害关系人提出书面异议，人民法院应当自收到书面异议之日起15日内审查，理由成立的，裁定撤销或者改正；理由不成立的，裁定驳回。当事人、利害关系人对裁定不服的，可以自裁定送达之日起10日内向上一级人民法院申请复议。

附录

民事诉讼法律文书部分参考文本

法定代表人身份证明书

_____在我单位任_____职务,是我单位的法定代表人。特此证明。

单位:_____(盖章)

_____年___月___日

附:法定代表人身份证复印件、电话。

注:本件落款应写明单位全称,加盖公章。

授权委托书

委托人:姓名、性别、民族、出生年月日、公民身份证号码、住址、电话。(委托人如为单位则写单位全称、住所、法定代表人、电话等信息)。

受托人:姓名、职务、工作单位、单位地址、电话。

委托人现委托_____受托人在我/单位与_____因_____纠纷一案中,作为我/单位的_____的诉讼代理人。

代理人_____的代理权限为( ):1.一般代理;2.特别授权代理(注:诉讼代理人代为承认、放弃、变更诉讼请求,进行和解,提起反诉,必须有委托人的特别授权,并明确特别授权的具体权限)。

委托人:_____(签字)

单位:_____(盖章)

_____年___月___日

诉前保全申请书

　　_____人民法院：

　　我单位与_____因_____纠纷一案，尚在起诉准备中，鉴于情况紧急，故根据《中华人民共和国民事诉讼法》的有关规定，为保障我单位合法权益，特请你院采取_____诉前保全措施。

　　担保事项：_____。

申请人：_____（盖章）
法定代表人：_____（签章）
____年____月____日

　　注：保全措施包括查封、扣押、冻结、责令被申请人提供担保或者法律规定的其他方法。

调查收集证据申请书

　　申请人：单位名称、住所地、社会信用代码、电话、法定代表人姓名、职务。自然人则填写自然人基本信息。

　　申请事项：调查收集_____有限公司____年__月__日股东会议决议材料。

　　事实与理由：

　　申请人与_____有限公司_____纠纷一案，申请人因客观原因不能自行收集_____有限公司____年__月__日股东会议决议，故根据《中华人民共和国民事诉讼法》第 67 条和最高人民法院《关于适用〈中华人民共和国民事诉讼法〉的解释》第 94 条的规定，请你院依法予以调查收集。

　　此致

　　_____人民法院

申请人：_____（签字）
单位：_____（盖章）
____年____月____日

证人出庭作证申请书

申请人：单位名称、住所地、社会信用代码、电话、法定代表人姓名、职务。自然人则填写自然人基本信息。

证人：姓名、性别、民族、出生年月日、住址、公民身份号码、电话。

申请事项：＿＿＿＿作为证人出庭对＿＿＿＿事实作证。

事实与理由：

此致

＿＿＿＿＿＿人民法院

申请人：＿＿＿＿＿＿（签字）
单位：＿＿＿＿＿＿（盖章）
＿＿＿＿年＿＿月＿＿日

鉴定申请书

＿＿＿＿＿＿人民法院：

我单位与＿＿＿＿因＿＿＿＿纠纷一案，＿＿＿＿事项需要相应专业机构予以鉴定，才能查明事实，故根据《中华人民共和国民事诉讼法》第79条等有关规定，特向你院申请鉴定。

申请人：＿＿＿＿＿＿（盖章）
法定代表人：＿＿＿＿＿＿（签章）
自然人：＿＿＿＿＿＿（签字）
＿＿＿＿年＿＿月＿＿日

注：当事人申请鉴定，双方当事人协商确定鉴定人；协商不成的，由人民法院指定；当事人未申请鉴定，人民法院对专门性问题认为需要鉴定的，可以询问当事人的意见后，指定相应资格的鉴定人。

民事起诉状

原告:名称、住所地、社会信用代码、开户银行、账号、法定代表人/负责人姓名、职务、电话。自然人则填写自然人基本信息。

被告:名称、所在地、单位社会信用代码/公民身份号码、电话。单位法定代表人/负责人、职务。自然人则填写自然人基本信息。

诉讼请求:

事实与理由:

此致

_____人民法院

原告:_____(签字)

单位:_____(盖章)

_____年___月___日

附:(1)《证据目录》(包含证据序号、证据名称、证据来源、证明对象等内容);

(2)证据材料。

民事答辩状

答辩人：单位名称、住所地、电话、社会信用代码、法定代表人/负责人姓名、职务、电话。自然人则填写自然人基本信息。

答辩人因原告＿＿＿＿＿起诉我单位＿＿＿＿＿纠纷一案，提出答辩如下：（针对原告起诉请求、理由，列举事实、陈述理由，予以反驳）

此致

＿＿＿＿＿＿人民法院

答辩人：＿＿＿＿＿（签字）

单位：＿＿＿＿＿（盖章）

＿＿＿＿＿年＿＿月＿＿日

附：（1）本答辩状副本＿＿份；

（2）证据目录及证据材料＿＿份。

上诉状

上诉人：名称、住所地、社会信用代码、法定代表人/负责人姓名、职务、电话。自然人则填写自然人基本信息。

上诉人因_____一案，不服_____法院__年_月_日（　　）_字__号判决，现提出上诉。

上诉请求：

事实与理由：

此致

_____人民法院

上诉人：_____（盖章）

自然人：_____（签字）

法定代表人：_____（签章）

_____年__月__日

附：（1）本上诉状副本___份；

（2）有关证明材料___份。

注：1. 当事人不服法院一审民事判决的，有权在判决书送达之日起15日内向上一级人民法院提起上诉；2. 上诉请求包括要求全部或部分撤销、变更原判决；3. 上诉理由应全面陈述对第一审人民法院在认定事实和适用法律上的不当或错误，提出所根据的事实和理由，包括在一审程序中未提供的事实、理由和证据。

申请执行书

申请人：单位名称、住所地、社会信用代码、开户银行、账号、电话、法定代表人姓名、职务。自然人则填写自然人基本信息。

被申请人：单位名称、住所地、社会信用代码、电话、法定代表人姓名、职务。自然人则填写自然人基本信息。

申请执行事项：

事实与理由：

申请人与被申请人因_____一案，_____法院___年_月_日(　　)___字___号判决书(调解书)，判决(调解)后，现判决书(调解书)已经发生法律效力，但被申请人未(全部)履行判决书(调解书)中规定应尽的义务，根据《中华人民共和国民事诉讼法》有关规定，特向你院申请予以执行。

此致

_____人民法院

申请人：_____(签字)

单位：_____(盖章)

_____年_月_日

附：判决书(或调解书)。

本章小结

- 民事诉讼法规定，人民法院审理民事案件，必须"以事实为根据"。作为当事人要注意下列事项：
  （1）提供案件关联的证据来证明民事案件的"事实"。
  （2）依法承担证明责任。"谁主张，谁举证"，这是一般举证责任原则。这就提示民事主体在民事活动中，要注意形成证据、保留证据；在民事诉讼中甄别证据、提交证据；在开庭审理时应对质证、解释证据。

- 《民事诉讼法》规定，人民法院审理民事案件，必须"以法律为准绳"。要求民事诉讼当事人提起诉讼请求，或对起诉提出抗辩，都要有法律依据。

- 严格遵守民事诉讼法律，及时答辩、举证、出庭、申请法院强制执行或主动履行法律义务。

- 鉴于民事诉讼的专业性，要依法聘请专业人员担任诉讼代理人。

第十一章
企业的刑事法律风险

　　与一般商事风险和行政监管处罚风险相比，刑事风险对于企业或责任人员都是最严重的风险，因为刑事风险可能包括下列情形的叠加：被处罚金、责任人被处强制措施失去人身自由、行政处罚。

　　与企业相关联的刑事风险有哪些？

　　企业怎样防范刑事风险？

　　本章摘录《刑法》对犯罪行为以及刑事责任的规定，《刑事诉讼法》以及最高人民法院、最高人民检察院和公安部的相关规定，结合刑事案例讲解，对企业提出从设立到生产经营全过程中防控刑事风险的建议，提醒企业以及经营人员防范刑事犯罪风险。

第一节
刑事法律制度及刑法总则内容

一、刑事法律制度

《中华人民共和国刑法》(1997年10月1日施行)
《中华人民共和国刑法修正案》(1999年12月25日施行)
《中华人民共和国刑法修正案(二)》(2001年8月31日施行)
《中华人民共和国刑法修正案(三)》(2001年12月29日施行)
《中华人民共和国刑法修正案(四)》(2002年12月28日施行)
《中华人民共和国刑法修正案(五)》(2005年2月28日施行)
《中华人民共和国刑法修正案(六)》(2006年6月29日施行)
《中华人民共和国刑法修正案(七)》(2009年2月28日施行)
《中华人民共和国刑法修正案(八)》(2011年5月1日施行)
《中华人民共和国刑法修正案(九)》(2015年11月1日施行)
《中华人民共和国刑法修正案(十)》(2017年11月4日施行)
《中华人民共和国刑法修正案(十一)》(2021年3月1日施行)
《最高人民法院、最高人民检察院、公安部、国家安全部、司法部〈关于办理刑事案件严格排除非法证据若干问题的规定〉》(2017年6月20日施行)
《中华人民共和国监察法》(2018年3月20日)
《中华人民共和国刑事诉讼法》(2018年10月26日修正)

《人民检察院刑事诉讼规则》(2019年12月30日施行)

《公安机关办理刑事案件程序规定》(2020年9月1日施行)

《最高人民法院关于适用〈中华人民共和国刑事诉讼法〉的解释》(2021年1月26日公布)

二、刑法的任务和基本原则

(一)刑法的任务

刑法的任务是用刑罚同一切犯罪作斗争,以保护国家安全,保卫人民民主专政的政权和社会主义制度,保护国家财产和劳动集体所有的财产,保护公民私人所有财产,保护公民的人身权利、民主权利和其他权利,维护社会秩序、经济秩序,保障社会主义建设事业顺利进行。

(二)刑法的基本原则

1. 罪刑法定原则。法律明文规定为犯罪行为的,依照法律定罪处刑;法律没有规定为犯罪行为的,不得定罪处刑。

2. 适用刑法平等原则。对任何人犯罪,在适用法律上一律平等。不允许任何人有超越法律的特权。

3. 罪责刑相适应原则。刑罚的轻重,应当与犯罪分子所犯罪行和承担的刑事责任相适应。

二、犯罪和单位犯罪的认定

(一)犯罪的认定

一切危害国家主权、领土完整和安全,分裂国家、颠覆人民民主专政的政权和推翻社会主义制度,破坏社会秩序和经济秩序,侵犯国家财产和劳动集体所有的财产,侵犯公民私人所有财产,侵犯公民的人身权利、民主权利和其他权利,以及其他危害社会的行为,依照法律应当受刑罚处罚的,都是犯罪,但情节显著轻微危害不大的,不认为是犯罪。

1.故意犯罪的认定。明知自己的行为会发生危害社会的结果,并且希望或者放任这种结果发生,因而构成犯罪的,是故意犯罪。故意犯罪,应当负刑事责任。

2.过失犯罪的认定。应当预见自己的行为可能会发生危害社会的结果,因为疏忽大意而没有预见,或者已经预见而轻信能够避免,以致发生这种结果的,是过失犯罪。

(二)单位犯罪的认定

公司、企业、事业单位、机关、团体实施危害社会的行为,法律规定为单位犯罪的,应当负刑事责任。

1.关于非法集资单位犯罪的认定。单位实施非法集资犯罪活动,全部或者大部分违法所得归单位所有的,应当认定为单位犯罪。

2.单位犯罪的处罚原则。单位犯罪的,对单位判处罚金,对直接负责的主管人员和其他直接责任人员判处刑罚。

三、正当防卫和紧急避险的认定

(一)正当防卫的认定

为了使国家、公共利益、本人或者他人的人身、财产和其他权利免受正在进行的不法侵害,而采取的制止不法侵害的行为,对不法侵害人造成损害的,属于正当防卫,不负刑事责任。

正当防卫明显超过必要限度造成重大损害的,应当负刑事责任,但是应当减轻或者免除处罚。对正在进行行凶、杀人、抢劫、强奸、绑架以及其他严重危及人身安全的暴力犯罪,采取防卫行为,造成不法侵害人伤亡的,不属于防卫过当,不负刑事责任。

(二)紧急避险的认定

为了使国家、公共利益、本人或者他人的人身、财产和其他权利免受正在发生的危险,不得已采取的紧急避险行为,造成损害的,不负刑事责任。

四、自首、坦白和立功的认定

(一)自首的认定

犯罪以后自动投案,如实供述自己的罪行的,是自首。对于自首的犯罪分子,可以从轻或者减轻处罚。其中,犯罪较轻的,可以免除处罚。

(二)坦白的认定

犯罪嫌疑人如实供述自己罪行的,是坦白,可以从轻处罚;因其如实供述自己罪行,避免特别严重后果发生的,可以减轻处罚。

(三)立功的认定

犯罪分子有揭发他人犯罪行为,查证属实的,或者提供重要线索,从而得以侦破其他案件等立功表现的,可以从轻或者减轻处罚;有重大立功表现的,可以减轻或者免除处罚。

第二节
企业潜在的刑事风险

一、生产销售伪劣产品罪

（一）生产销售伪劣产品罪

生产者、销售者在产品中掺杂、掺假，以假充真，以次充好或者以不合格产品冒充合格产品，销售金额五万元以上不满二十万元的，处二年以下有期徒刑或者拘役，并处或者单处销售额百分之五十以上二倍以下罚金；销售金额二十万元以上不满五十万元的，处二年以上七年以下有期徒刑，并处销售额百分之五十以上二倍以下罚金；销售金额五十万元以上不满二百万元的，处七年以上有期徒刑，并处销售额百分之五十以上二倍以下罚金；销售金额二百万元以上的，处十五年有期徒刑或者无期徒刑，并处销售额百分之五十以上二倍以下罚金或者没收财产。

【立案标准】

生产者、销售者在产品中掺杂、掺假，以假充真，以次充好或者以不合格产品冒充合格产品，涉嫌下列情形之一的，应予立案追诉：

1. 伪劣产品销售额在五万元以上的；

2. 伪劣产品尚未销售，货值金额十五万元以上的；

3. 伪劣产品销售金额不满五万元，但将已销售金额乘以三倍后，与尚未销售的伪劣产品货值金额合计十五万元以上的。

(二)生产、销售不符合安全标准的食品罪

生产、销售不符合安全标准的食品，足以造成严重食物中毒事故或者严重食源性疾病的，处三年以下有期徒刑或者拘役，并处罚金；对人体健康造成严重危害或者其他严重情节的，处三年以上七年以下有期徒刑，并处罚金；后果特别严重的，处七年以上有期徒刑或者无期徒刑，并处罚金或者没收财产。

【延伸解读】

《食品安全法》第 25 条规定：食品安全标准是强制执行标准。除食品安全标准外，不得制定其他食品强制性标准。

《食品安全法》第 26 条规定：食品安全标准应当包括下列内容：

1. 食品、食品添加剂、食品相关产品中的致病性微生物，农药残留、兽药残留、生物毒素、重金属等污染物质以及其他危害人体健康物质的限量规定；

2. 食品添加剂的品种、使用范围、用量；

3. 专供婴幼儿和其他特定人群的主辅食品的营养成分要求；

4. 对于卫生、营养等食品安全要求有关的标签、标志、说明书的要求；

5. 食品生产经营过程的卫生要求；

6. 与食品安全有关的质量要求；

7. 与食品安全有关的食品检验方法与规程；

8. 其他需要制定为食品安全标准的内容。

(三)生产、销售不符合安全标准的产品罪

生产不符合保障人身、财产安全的国家标准、行业标准的电器、压力容器、易燃易爆品或者其他不符合保障人身、财产安全的国家标准、行业标准的产品,或者销售明知是以上不符合保障人身、财产安全的国家标准、行业标准的产品,造成严重后果的,处五年以下有期徒刑,并处销售额百分之五十以上二倍以下罚金;后果特别严重的,处五年以上有期徒刑,并处销售额百分之五十以上二倍以下罚金。

二、妨害对公司、企业的管理秩序罪

(一)虚假注册资本罪

虚假注册资本,是指公司股东的实际出资额低于申请公司登记的法定最低出资额而谎称已经达到了法定出资额的情形。这是规避强制性规定。虚假注册资本的数额巨大、后果严重或者有其他严重情节,涉及触犯《刑法》第158条,对单位判处罚金,并对直接主管人员和其他责任人员,处三年以下有期徒刑或者拘役。

(二)虚假出资、抽逃资本金

公司发起人、股东违反《公司法》的规定未交付货币、实物或者未转移财产权,虚假出资,或者在公司成立后又抽逃其出资,数额巨大后果严重或者有其他严重情节,涉及触犯《刑法》第159条,对单位判处罚金,并对直接主管人员和其他责任人员,处以五年以下有期徒刑或者拘役。

【延伸解读】

抽逃资本金的界定:《最高人民法院关于适用〈中华人民共和

国公司法〉若干问题的规定》第 12 条规定,公司成立后,公司、股东或者公司债权人以相关股东的行为符合下列情形之一且损害公司权益为由,请求认定该股东抽逃出资的,人民法院应予支持:

1. 将投资款项转入公司账户验资后又转出;
2. 制作虚假财务会计报表虚增利润进行分配;
3. 通过虚构债权债务关系将其出资转出;
4. 利用关联交易将出资转出;
5. 其他未经法定程序将出资抽逃的行为。

(三)受贿罪

公司、企业或者其他单位的工作人员,利用职务上的便利,索取他人财物或者非法接受他人财物,为他人谋取利益,按照数额情况,处拘役、有期徒刑、或者无期徒刑,并处罚金。

公司、企业或者其他单位的工作人员,在经济往来中利用职务上的便利,违反国家规定,收受各种名义的回扣、手续费,归个人所有的,依照受贿处罚。

(四)行贿罪

为谋取不正当利益,给予公司、企业或者其他单位的工作人员以财物,数额较大的,处三年以下有期徒刑或者拘役,数额巨大的,处三年以上十年以下有期徒刑,并处罚金。

三、破坏金融管理秩序罪

(一)非法吸收公众存款罪

非法吸收公众存款或者变相吸收公众存款,扰乱金融秩序的,根据数额以及情节严重程度,分别处以三年以下有期徒刑或者拘役,三年以上十年以下有期徒刑,十年以上有期徒刑,单处或者并处罚金。

单位犯前款罪的,对单位判处罚金,并对其直接负责的主管人员和其他直接责任人员依照前款的规定处罚。有前两款行为,在提起公诉之前积极退赃退赔,减少损害结果发生的,可以从轻或者减轻处罚。

【立案标准】

非法吸收公众存款或者变相吸收公众存款,具有下列情形之一的,应当追究刑事责任:

1. 个人非法吸收公众存款或者变相吸收公众存款,数额在二十万元以上的,单位非法吸收或者变相吸收公众存款,数额在一百万元以上的;

2. 个人非法吸收公众存款或者变相吸收公众存款对象三十人以上的,单位非法吸收公众存款或者变相吸收公众存款对象一百五十人以上的;

3. 个人非法吸收公众存款或者变相吸收公众存款,给存款人造成直接经济损失数额十万元以上的,单位非法吸收公众存款或者变相吸收公众存款,给存款人造成直接经济损失数额五十万元以上的;

4. 造成恶劣社会影响或者其他严重后果的。

(二)高利转贷罪

以转贷为目的,套取金融机构信贷资金高利转贷他人,违法所得数额较大,处三年以下有期徒刑或者拘役,并处违法所得一倍以上五倍以下的罚金;违法所得数额巨大的,处三年以上七年以下有期徒刑,并处违法所得一倍以上五倍以下的罚金。

【立案标准】

以转贷牟利为目的的,套取金融机构信贷资金高利转贷他人,涉嫌下列情形之一的,应予以追诉:

1. 高利转贷,违法所得数额在十万元以上的;

2. 虽未达到上述数额标准,但两年内因高利转贷受过行政处罚二次以上,又高利转贷的。

四、危害税收征管罪

（一）逃税罪

纳税人采取欺骗、隐瞒手段进行虚假纳税申报或者不申报,逃避缴纳税款数额较大并且占应纳税额百分之十以上的,处三年以下有期徒刑或者拘役,并处罚金;数额巨大并且占应纳税额百分之三十以上的,处三年以上七年以下有期徒刑,并处罚金。

（二）骗取出口退税罪

以假报出口或者其他欺骗手段,骗取国家出口退税款,数额较大的,处五年以下有期徒刑或者拘役,并处骗取税款一倍以上五倍以下罚金;数额巨大或者有其他严重情节的,处五年以上十年以下有期徒刑,并处骗取税款一倍以上五倍以下罚金;数额特别巨大或者有其他特别严重情节的,处十年以上有期徒刑或者无期徒刑,并处骗取税款一倍以上五倍以下罚金或者没收财产。

五、侵犯知识产权罪

（一）假冒注册商标罪

未经注册商标所有人许可，在同一种商品、服务上使用与其注册商标相同的商标，情节严重的，处三年以下有期徒刑，并处或者单处罚金；情节特别严重的，处三年以上十年以下有期徒刑，并处罚金。

【立案标准】

未经注册商标所有人许可，在同一种商品上使用与其注册商标相同的商标，涉嫌以下情形之一的，应予以追诉：

1. 非法经营数额在五万元以上或者违法所得在三万元以上的；

2. 假冒两种以上注册商标，非法经营额在三万元以上，或者违法所得在二万元以上的；

3. 其他情节严重的情形。

（二）销售假冒注册商标的商品罪

销售明知是假冒注册商标的商品，违法所得较大或者其他严重情节的，处三年以下有期徒刑，并处或者单处罚金；违法所得额巨大或者有其他特别严重情节的处三年以上十年以下有期徒刑，并处罚金。

【立案标准】

销售明知是假冒注册商标的商品，涉嫌下列情形之一的，应予立案追诉：

1. 销售金额在五万元以上的；

2. 尚未销售，货值金额在十五万元以上的；

3.销售金额不满五万元,但已销售金额与尚未销售的货值金额合计在十五万元以上的。

(三)假冒专利罪

假冒他人专利,情节严重的,处三年以下有期徒刑或者拘役,并处罚金。

【立案标准】

假冒他人专利,涉嫌下列情形之一的,将被立案追诉:

1.非法经营数额在二十万元以上或者违法所得额在十万元以上的;

2.给专利权人造成直接经济损失在五十万元以上的;

3.假冒两项以上他人专利,非法经营数额在十万元以上或者违法所得额在五万元以上的;

4.其他情节严重的情形。

(四)侵犯著作权罪

具有《刑法》第 217 条六种侵犯著作权或者与著作权有关的权利的情形之一的,违法所得数额较大或者有其他严重情节的,处三年以下有期徒刑,并处或者单处罚金;违法所得额巨大或者有其他特别严重情节的,处三年以上十年以下有期徒刑,并处罚金。

【立案标准】

以营利为目的,未经著作权人许可,复制发行、通过信息网络向公众传播其文字作品、音乐、电影、电视、录像作品、计算机软件及其他作品,或者出版他人享有专有版权的图书,或者未经录音录像制作者许可,复制发行、通过信息网络向公众传播其制作的录音录像，或者制作、出售假冒他人署名的美术作品，等等。涉嫌下列情形之一的，应予以立案追诉：

1. 违法所得数额三万元以上的；

2. 非法经营数额在五万元以上的；

3. 未经著作权人许可，复制发行其文字作品、音乐、电影、电视、录像作品、计算机软件及其他作品，复制品数量合计五百张（份）以上的；

4. 未经录音录像制作者许可，复制发行其制作的录音录像制品，复制品数量合计五百张（份）以上的；

5. 其他情节严重的情形。

（五）侵犯商业秘密罪

有下列侵犯商业秘密行为之一，情节严重的，处三年以下有期徒刑或者拘役，并处或者单处罚金；情节特别严重的，处三年以上十年以下有期徒刑并处罚金：

1. 以盗窃、贿赂、欺诈、胁迫、电子侵入或者其他不正当手段获取权利人的商业秘密；

2. 披露、使用或者允许他人使用以前项手段获取的权利人的商业秘密；

3. 违反保密义务或者违反权利人有关保守秘密的要求，披露、使用或者允许他人使用其所掌握的商业秘密的。

明知前款所列行为，获取、披露、使用或者允许他人使用其所掌握的商业秘密的，以侵犯商业秘密论。

【名词解释】

商业秘密是指不为公众所知悉、具有商业价值并经权利人采取相应保密措施的技术信息、经营信息等商业信息。

（六）职务侵占罪

公司、企业或者其他单位的工作人员，利用职务上的便利，将本单位的财物非法占为己有，数额较大、数额巨大，分别依法处以有期徒刑、无期徒刑以及罚金。

六、扰乱市场秩序罪

（一）损害商业信誉、商品信誉罪

捏造并散布虚伪事实，损害他人的商业信誉、商品声誉，给他人造成重大损失或者有其他严重情节的，处二年以下有期徒刑或者拘役，并处或者单处罚金。

【立案标准】

捏造并散布虚伪事实，损害他人的商业信誉、商品声誉，涉嫌下列情形之一的，应予立案追诉：

1. 给他人造成直接经济损失数额在五十万元以上的；

2. 虽未达到上述数额标准，但具有下列情形之一的：1. 利用互联网或者其他媒体公开损害他人商业信誉、商品信誉的；2. 造成公司、企业等单位停业、停产六个月以上，或者破产的。

3. 其他给他人造成重大损失或者有其他严重情节的情形。

（二）串通投标罪

投标人串通投标报价，损害招标人或者其他投标人利益，情节严重的，处三年以下有期徒刑或者拘役，并处或者单处罚金。

【立案标准】

投标人相互串通投标报价，或者投标人与招标人串通投标，涉

嫌下列情形之一的,应予立案追诉:

1. 损害招标人、投标人或者国家、集体、公民合法利益,造成直接经济损失数额在五十万元以上的;

2. 违法所得数额在十万元以上的;

3. 中标项目金额在二百万元以上的;

4. 采取威胁、欺骗或者贿赂等非法手段的;

5. 虽未达到上述数额标准,但两年内因串通投标,受过行政处罚两次以上,有串通投标的;

6. 其他严重情节的情形。

(三)合同诈骗罪

有下列情形之一,以非法占有为目的,在签订、履行合同过程中,骗取对方当事人财物,数额较大的,处三年以下有期徒刑或者拘役,并处或者单处罚金;数额巨大或者有其他严重情节的,处三年以上十年以下有期徒刑,并处罚金;数额特别巨大或者有其他特别严重情节的,处十年以上有期徒刑或者无期徒刑,并处罚金或者没收财产:

1. 以虚构的单位或者冒用他人名义签订合同;

2. 以伪造、变造、作废的票据或者虚假的产权证明作担保的;

3. 没有实际履行能力,以先履行小额合同或者部分履行合同的方法,诱骗对方当事人继续签订和履行合同的;

4. 收受对方当事人给付的货物、货款、预付款或者担保财产后逃匿的;

5. 有其他方法骗取对方当事人财物的。

【立案标准】

以非法占有为目的,在签订、履行合同过程中,骗取对方当事人财物,数额在二万元以上的,应予立案追诉。

(四)非法经营罪

违反国家规定,有下列非法经营行为之一,扰乱市场秩序,情节严重的,处五年以下有期徒刑或者拘役,并处或者单处违法所得一倍以上五倍以下罚金;情节特别严重的,处五年以上有期徒刑,并处违法所得一倍以上五倍以下罚金或者没收财产:

1. 未经许可经营法律、行政法规规定的专营、专卖物品或者其他限制买卖的物品的;

2. 买卖进出口许可证、进出口原产地证明以及其他法律、行政法规规定的经营许可证或者批准文件的;

3. 未经国家有关主管部门批准非法经营证券、期货或者保险业务的,或者非法从事资金支付结算业务的;

4. 其他严重扰乱市场秩序的非法经营行为。

七、侵犯公民人身权利、民主权利罪

(一)雇用童工从事危重劳动罪

违反劳动管理法规,雇用未满十六周岁的未成年人从事超强度体力劳动的,或者从事高空、井下作业的,或者在爆炸性、易燃性、放射性、毒害性等危险环境下从事劳动,情节严重的,对直接责任人员,处三年以下有期徒刑或者拘役,并处罚金;情节特别严重的,处三年以上七年以下有期徒刑,并处罚金。

【立案标准】

涉嫌下列情形之一的,应予立案追诉:

1. 造成未满十六周岁的未成年人伤亡或者对其身体造成严重伤害的;

2. 雇用未满十六周岁的未成年人三人以上;

3. 以强迫、欺骗手段雇用未满十六周岁的未成年人从事危重劳动的;

4. 其他情节严重的情形。

(二)非法搜查罪;非法侵入住宅罪

非法搜查他人身体、住宅,非法侵入他人住宅的,处三年以下有期徒刑或者拘役。

提示

一些商场、超市的经营者怀疑顾客盗窃商品时,处理方式不妥,对顾客搜身等违法行为会引发民事诉讼甚至刑事案件。

商场、超市的经营者如发现顾客未支付货款,可采取提醒顾客付款的方式。如顾客拒不付款,又不退还货物,商场、超市的经营者可保留证据,通过报警解决。

八、侵犯财产罪

(一)职务侵占罪

公司、企业或者其他单位的工作人员,利用职务之便,将本单位财物非法占为己有,数额较大的处三年以下有期徒刑或者拘役,并处罚金;数额巨大的,处三年以上十年以下有期徒刑,并处罚金;数额特别巨大的,处十年以上有期徒刑或者无期徒刑,并处罚金。

(二)挪用资金罪

公司、企业或其他单位的工作人员,利用职务上的便利,挪用本单位资金归个人使用或者借贷给他人,数额较大、超过三个月未还的,或者虽未超过三个月,但数额较大、进行营利活动的,或者进行非法活动的,处三年以下有期徒刑或者拘役;数额巨大的处三年以上七年以下有期徒刑;数额特别巨大的,处七年以上有期徒刑。

(三)拒不支付劳动报酬罪

以转移财产、逃匿等方法逃避支付劳动者的劳动报酬或者有能力支付而不支付劳动者的劳动报酬,数额较大,经政府有关部门责令支付仍不支付的,处三年以下有期徒刑或者拘役,并处或者单处罚金;造成严重后果的,处三年以上七年以下有期徒刑,并处罚金。

单位犯前款罪的,对单位判处罚金,并对其直接负责的主管人员和其他直接责任人员,依照前款的规定处罚。

九、妨害司法罪

(一)虚假诉讼罪

以捏造的事实提起民事诉讼,妨害司法秩序或者严重侵害他人合法权益的,处三年以下有期徒刑、拘役或者管制,并处或者单处罚金;情节严重的,处三年以上七年以下有期徒刑,并处罚金。

单位犯前款罪的,对单位处罚金,并对直接负责的主管人员和其他直接责任人员,依照前款的规定处罚。

(二)拒不执行判决、裁定罪

对人民法院的判决、裁定有能力执行而拒不执行,情节严重的,处三年以下有期徒刑、拘役或者罚金;情节特别严重的,处三年以上七年以下有期徒刑,并处罚金。

单位犯前款罪的,对单位处罚金,并对直接负责的主管人员和其他直接责任人员,依照前款的规定处罚。

> **提示**
>
> 当事人接到人民法院强制执行传票,要及时按要求报告财产信息,如没有能力财产履行判决、裁定的义务,要说明理由,并提供相应的证明材料,以免被追究拒不履行生效判决、裁定的法律责任。

(三)非法处置查封、扣押、冻结的财产罪

隐藏、转移、变卖、故意损毁已被司法机关查封、扣押、冻结的财产,情节严重的,处三年以下有期徒刑、拘役或者罚金。

十、破坏环境资源罪

(一)污染环境罪

违反国家规定,排放、倾倒或者处置有放射性的废物、含传染病病原体的废物、有毒物质或者其他有害物质,严重污染环境的,处三年以下有期徒刑或者拘役,并处罚金;情节严重的,处三年以上七年以下有期徒刑,并处罚金;有下列情形之一的,处七年以上有期徒刑,并处罚金:

1. 在饮用水源保护区、自然保护地核心保护区等依法确定的

重点保护区域排放、倾倒或者处置有放射性的废物、含传染病原体的废物、有毒物质或者其他有害物质,情节特别严重的;

2. 向国家确定的重要江河、湖泊水域排放、倾倒或者处置有放射性的废物、含传染病病原体的废物、有毒物质,情节特别严重的;

3. 致使大量永久基本农田基本功能丧失或者遭受永久性破坏的;

4. 致使多人重伤、严重疾病,或者致人严重残疾、死亡的。

(二)危害国家重点保护植物罪

违反国家规定,非法采伐、毁坏珍贵树木或者国家重点保护的其他植物的,或者非法收购、运输、加工、出售珍贵树木或者国家重点保护的其他植物及其制品的,处三年以下有期徒刑、拘役或者管制,并处罚金;情节严重的,处三年以上七年以下有期徒刑,并处罚金。

【立案标准】

具有下列情形之一的,属于非法采伐、毁坏珍贵树木行为情节严重:

1. 非法采伐、毁坏珍贵树木二株以上,或者毁坏珍贵树木致使珍贵树木死亡三株以上的;

2. 非法采伐珍贵树木二立方米以上的;

3. 为首组织、策划、指挥非法采伐或者毁坏珍贵树木的;

4. 其他情节严重的情形。

> **提示**
>
> 一些企业对林木采伐许可证的管理与实施疏于管理，故予以提醒：
>
> 1. 要注意采伐许可证许可的采伐种类、采伐方式、采伐期限。
>
> 2. 由于开发项目周期长，而采伐期限是固定的，在实际采伐时要注意采伐期限是否逾期。如逾期，应当立即申请变更采伐期限，取得采伐期限延期许可后，方可实施采伐。否则，将因无证采伐，成为滥伐行为，而被追究法律责任。

第三节 刑事诉讼制度介绍

一、《刑事诉讼法》的任务、刑事诉讼的基本原则与制度

《刑事诉讼法》是程序法。《刑法》是实体法，《刑法》的任务需要通过《刑事诉讼法》规定的诉讼程序才能得以实现。

（一）《刑事诉讼法》的任务

《刑事诉讼法》的任务是保证准确、及时地查明犯罪事实，正确应用法律，惩罚犯罪分子，保障无罪的人不受刑事追究，教育公民自觉遵守法律，积极同犯罪行为作斗争，维护社会主义法制，尊重人权，保护公民的人身权利、财产权利、民主权利和其他权利，保障社会主义建设事业的顺利进行。

（二）刑事诉讼的基本原则与制度

1. 以事实为依据、以法律为准绳原则。

2. 公、检、法分工负责、互相配合、互相监督原则。

3. 检察院法律监督原则。

4. 审判公开原则。除本法另有规定的以外，一律公开进行审判。

5. 保障被告人辩护权原则。

6. 未经法院判决不得确定有罪原则。

7. 认罪认罚从宽原则。

8. 两审终审制制度。一般情况下，一个案件经过两级人民法院审判即告审判终结。判决和裁定即发生效力。

9. 人民陪审制度。

二、刑事诉讼专门机关的职权

公安机关负责对刑事案件的侦查、拘留、执行逮捕、预审。

检察机关负责检察、批准逮捕、执行逮捕、检察机关直接受理的案件的侦查、提起公诉。

人民法院负责审判。

三、犯罪嫌疑人和被告人的辩护权

1. 犯罪嫌疑人自被侦查机关第一次询问或者采取强制措施之日起，有权委托辩护人；在侦查期间，只能委托律师作为辩护人。被告人有权随时委托辩护人。

2. 侦查期间的辩护。（1）辩护律师可以为犯罪嫌疑人提供法律帮助；代理申诉、控告；申请变更强制措施；向侦查机关了解犯罪嫌疑人涉嫌罪名和案件有关情况，提出意见。（2）辩护律师可以同在押的犯罪嫌疑人、被告人会见和通信。

3. 辩护律师自人民检察院对案件审查起诉之日起，可以查阅、摘抄、复制本案案卷材料。

4. 辩护律师可以收集材料，还可以申请取证及证人出庭。

四、附带民事的诉讼代理

1. 委托代理人的时间。公诉案件的被害人及其法定代理人或者近亲属，附带民事诉讼的当事人及其法定代理人，自案件移送审查起诉之日起，有权委托诉讼代理人。自诉案件的自诉人及其法定代理人，附带民事诉讼的当事人及其法定代理人，有权随时委托诉讼代理人。

2. 委托代理人办理，按照《刑事诉讼法》第33条规定执行。

五、立案侦查和提起公诉

1. 立案侦查，公安机关或者人民检察院发现犯罪事实或者犯罪嫌疑人，应当按照管辖范围，立案侦查。

2. 凡需要提起公诉的案件，一律由人民检察院审查决定。

六、审判制度——二审终审制度

（一）第一审程序

1. 开庭审理。法庭调查、法庭辩论与被告人最后陈述。

2. 评议与判决。在被告人最后陈述后，审判长宣布休庭，合议庭进行评议，根据已经查明的事实、证据和有关的法律规定，作出有罪判决或者无罪判决。

(二)第二审程序

1. 上诉主体。被告人、自诉人和他们的法定代理人,不服地方各级人民法院第一审的判决、裁定,有权用书状或者口头向上一级人民法院上诉。被告人的辩护人和近亲属,经被告人同意,可以提出上诉。附带民事诉讼的当事人和他们的法定代理人,可以对地方各级人民法院第一审的判决、裁定的附带民事诉讼部分,提出上诉。对被告人的上诉权,不得以任何借口剥夺。

2. 上诉权保障。对被告人的上诉权,不得以任何借口剥夺。

3. 终审判决、裁定。第二审的判决、裁定和最高人民法院的判决、裁定,都是终审判决、裁定。

七、审判监督程序

1. 申诉的主体和申诉的效力。当事人及法定代理人、近亲属,对已经发生法律效力的判决、裁定,可以向人民法院或者人民检察院提出申诉,但是不能停止判决、裁定的执行。

2. 对申诉应当重新审判的法定情形。符合《刑事诉讼法》第253条的五种情形之一的,人民法院应当重新审判。

八、执行

依据判决和裁定在发生法律效力后执行。

第四节
企业刑事风险的防范应对

一、针对刑事风险点实施专项合规性项目

1.将企业刑事风险防范列入企业治理、管理的重要内容,从企业组织机构层次上杜绝故意犯罪,预防过失犯罪。

2.企业全员尤其是企业负责人、高级管理人员的守法意识、道德因素,是企业刑事风险发生概率或损失控制的决定性因素。因此在企业内一要营造守法氛围,二要加强岗位职责培训、规章制度培训、对应业务的法律法规培训,三要提升全员的业务素质。

3.建立企业法律风险防范管理制度,如法律风险的预防制度、法律风险的应对制度、法律风险善后制度(包括总结教训、奖励法律风险处理的贡献者、惩处法律风险责任人等措施)。

4.其他方面详见第十二章"小微企业的企业合规问题"。

二、主动整改,依法处置

案例

2019年6月,浙江某县的工艺品企业支付工厂用地、建设厂房资金,主要来源于非法集资款。后该工艺品企业不能支付集资款利息,还拖欠建设工程款。企业资金流完全中

断，生产经营几乎停止。如果该工艺品企业不能妥善处理债权债务纠纷，可能涉嫌非法吸收公众存款罪。其间，笔者在该县做民营企业公益法律服务，了解到该工艺品企业集资款用途为建设厂房和支付利息，集资款不能还本付息的主要原因是经营不善，并非挥霍浪费，建议该工艺品企业由集资款债权人决定提出处理集资款的方案：一是清产核资，包括负债集资款本金利息数额、工程款等预付款，资产主要是已经建成的厂房和未建设的建设用地；二是债权转股权或者资产抵债；三是申请破产保护。

2021年，该工艺品企业把资产基本情况以及债务处置方案发给集资款债权人，征求集资款债权人的意见后，向人民法院申请破产。目前，该工艺品企业处于破产重整阶段。

以上案例中的企业通过取得债权人谅解，化解了涉嫌非法吸收公众存款的刑事风险。

三、依法达成刑事和解

被告人与被害人达成和解协议，以取得谅解，可以取得检察机关从轻或者减轻处罚，犯罪较轻的则免于处罚。

四、向检察机关申请"企业合规不起诉"

"企业合规不起诉"是最高人民检察院于2020年3月开展的试点，对企业犯罪较轻，愿意按照检察机关的要求，接受企业合规第三方机构的监管,开展建立有效企业合规计划,并有效实施的刑事激励政策。这对企业是个"利好",犯错前要"未雨绸缪"防范风险,犯错后"亡羊补牢"及时整改。

五、运用法律维护自身合法权益

（一）保障无罪的人不受刑事追究是《刑事诉讼法》的重要任务

（二）充分运用辩护权

《刑事诉讼法》充分保障犯罪嫌疑人的辩护权。企业的直接负责人或者直接责任人一旦被立案侦查,虽然其本人具有自我辩护权利,但局限于自身的法律知识,尤其是被采取强制措施而行动受限,最好的方式是委托律师担任辩护人。

《刑事诉讼法》规定犯罪嫌疑人自被侦查机关第一次询问或者采取强制措施之日起,有权委托辩护人;辩护律师可以为犯罪嫌疑人提供法律帮助、代理申诉、控告,申请变更强制措施,向侦查机关了解犯罪嫌疑人涉嫌罪名和案件有关情况,提出意见,还可以同在押的犯罪嫌疑人、被告人会见和通信。

辩护律师根据事实和法律,提出犯罪嫌疑人、被告人无罪、罪轻或者减轻、免除其刑事责任的材料和意见,维护犯罪嫌疑人、被告人的诉讼权和其他合法权益。

（三）积极向检察机关提出监督申请或者申辩意见

以下列举三个案例,说明提出监督申请或申辩意见会被检察机关采纳。

第十一章　企业的刑事法律风险

> 案例

刘某某涉嫌生产、销售"伪劣产品"（不起诉）案

关键词：民营企业、创新产品、强制标准、听证、不起诉

基本案情：被不起诉人刘某某，男，1982年5月出生，浙江动迈有限公司（化名）法定代表人。

2017年10月26日，刘某某以每台1200元的价格将其公司生产的"T600D"型电动跑步机对外出售，销售金额合计5万余元。浙江省永康市市场监督管理部门通过产品质量抽查，委托浙江省家具与五金研究所对所抽样品的18个项目进行检验，发现该跑步机"外部结构""脚踏平台"不符合国家强制标准，被鉴定为不合格产品。2017年11月至12月，刘某某将研发的"智能平板健走跑步机"以跑步机的名义对外出售，销售金额共计701.4万元。经市场监督管理部门委托宁波出入境检验检疫技术中心检验，该产品未根据"跑步机附加的特殊安全要求和试验方法"加装"紧急停止开关"，且"安全扶手""脚踏平台"不符合国家强制标准，被鉴定为不合格产品。

2018年9月21日，浙江省永康市公安局以刘某某涉嫌生产、销售伪劣产品罪对其立案侦查并采取刑事拘留强制措施。案发后，永康市人民检察院介入侦查时了解到涉案企业系当地纳税优胜企业，涉案"智能平板健走跑步机"是该公司历经三年的研发成果，拥有十余项专利。在案件基本事实查清、主要证据已固定的情况下，考虑到刘某某系企业负责人和核心技术人员，为保障企业的正常生产经营，检察机关建

285

议对刘某某变更强制措施。2018年10月16日，公安机关决定对刘某某改为取保候审。

2018年11月2日，公安机关将案件移送永康市人民检察院审查起诉。经审查，本案的关键问题在于："智能平板健走跑步机"是创新产品还是不合格产品？能否按照跑步机的国家强制标准认定该产品为不合格产品？经赴该企业实地调查核实，永康市人民检察院发现"智能平板健走跑步机"运行速度与传统跑步机有明显区别。通过电话回访，了解到消费者对该产品的质量投诉为零，且普遍反映该产品使用便捷，未造成人身伤害和财产损失。检察机关经进一步审查，鉴定报告中认定"智能平板健走跑步机"为不合格产品的主要依据，是该产品没有根据跑步机的国家强制标准，加装紧急停止装置、安全扶手、脚踏平台等特殊安全配置。经进一步核实，涉案"智能平板健走跑步机"最高限速仅8千米/小时，远低于传统跑步机20千米/小时的速度，加装该公司自主研发的红外感应智能控速、启停系统后，实际使用安全可靠，并无加装前述特殊安全配置的必要。检察机关又进一步咨询了行业协会和专业人士，业内认为"智能平板健走跑步机"是一种新型健身器材，对其适用传统跑步机标准认定是否安全不尽合理。综合全案证据，永康市人民检察院认为，"智能平板健走跑步机"可能是一种区别于传统跑步机的创新产品，鉴定报告依据传统跑步机质量标准认定其为伪劣产品，合理性存疑。

2019年3月11日，永康市人民检察院对本案进行听证，邀请侦查人员、辩护律师、人大代表、相关职能部门代表和跑步机协会代表共20余人参加听证。经评议，与会听证员一致认为，涉案"智能平板健走跑步机"是企业创新产品，从消费者使用体验和技术参数分析，使用该产品不存在现实隐患，在国家标准出台前，不宜以跑步机的强制标准为依据认定其为不合格产品。

结合听证意见，永康市人民检察院经审查，认定刘某某生产、销售的"智能平板健走跑步机"在运行速度、结构设计等方面与传统意义上的跑步机有明显区别，是一种创新产品。对其质量不宜以传统跑步机的标准予以认定，因其性能指标符合"固定式健身器材通用安全要求和试验方法"的国家标准，不属于伪劣产品，刘某某生产、销售该创新产品的行为不构成犯罪。综合全案事实，2019年4月28日，永康市人民检察院依法对刘某某作出不起诉决定。

（来源：《最高人民检察院第二十三批指导性案例》（检例85号），高检网，2020年12月14日）

许某某、包某某串通投标立案监督案

关键词：串通拍卖、串通投标、竞拍国有资产、罪刑法定、监督撤案

要旨：《刑法》规定了串通投标罪，但未规定串通拍卖行为构成犯罪。对于串通拍卖行为，不能以串通投标罪予以追

诉。公安机关对串通竞拍国有资产行为以涉嫌串通投标罪刑事立案的，检察机关应当通过立案监督，依法通知公安机关撤销案件。

基本案情：犯罪嫌疑人许某某，男，1975年9月出生，江苏某企业有限公司实际控制人。犯罪嫌疑人包某某，男，1964年9月出生，连云港某建设工程质量检测有限公司负责人。

江苏省连云港市海州区锦屏磷矿"尾矿坝"系江苏海州发展集团有限公司（以下简称海发集团，系国有独资）的项目资产，矿区占地面积近1200亩，存有尾矿砂1610万吨，与周边村庄形成35米的落差。该"尾矿坝"是应急管理部要求整改的重大危险源，曾两次发生泄漏事故，长期以来维护难度大、资金要求高，国家曾拨付专项资金5000万元用于安全维护。2016年至2017年间，经多次对外招商，均未能吸引到合作企业投资开发。2017年4月10日，海州区政府批复同意海发集团对该项目进行拍卖。同年5月26日，海发集团委托江苏省大众拍卖有限公司进行拍卖，并主动联系许某某参加竞拍。之后，许某某联系包某某，二人分别与江苏甲建设集团有限公司（以下简称甲公司）、江苏乙工程集团有限公司（以下简称乙公司）合作参与竞拍，武汉丙置业发展有限公司（以下简称丙公司，代理人王某某）也报名参加竞拍。2017年7月26日，甲公司、乙公司、丙公司三家单位经两轮举牌竞价，乙公司以高于底价竞拍成功。2019年4月26日，连云港市公安局海州分局（以下简称海州公安分局）根据举

第十一章　企业的刑事法律风险

报,以涉嫌串通投标罪对许某某、包某某立案侦查。

检察机关履职过程:2019年6月19日,许某某、包某某向连云港市海州区人民检察院提出监督申请,认为海州公安分局立案不当,严重影响企业生产经营,请求检察机关监督撤销案件。海州区人民检察院经审查,决定予以受理。

海州区人民检察院通过向海州公安分局调取侦查卷宗,走访海发集团、拍卖公司,实地勘查"尾矿坝"项目开发现场,并询问相关证人,查明:一是海州区锦屏磷矿"尾矿坝"项目长期闲置,存在重大安全隐患,政府每年需投入大量资金进行安全维护,海发集团曾邀请多家企业参与开发,均未成功;二是海州区政府批复同意对该项目进行拍卖,海发集团为防止项目流拍,主动邀请许某某等多方参与竞拍,最终仅许某某、王某某,以及许某某邀请的包某某报名参加;三是许某某邀请包某某参与竞拍,目的在于防止项目流拍,并未损害他人利益;四是"尾矿坝"项目后期开发运行良好,解决了长期存在的重大安全隐患,盘活了国有不良资产。

监督意见:2019年7月2日,海州区人民检察院向海州公安分局发出《要求说明立案理由通知书》。公安机关回复认为,许某某、包某某的串通竞买行为与串通投标行为具有同样的社会危害性,可以扩大解释为串通投标行为。海州区人民检察院认为,投标与拍卖行为性质不同,分别受《招标投标法》和《拍卖法》规范,对于串通投标行为,法律规定了刑事责任,而对于串通拍卖行为,法律仅规定了行政责任和民事

289

赔偿责任，串通拍卖行为不能类推为串通投标行为。并且，许某某、包某某的串通拍卖行为，目的在于防止项目流拍，该行为实际上盘活了国有不良资产，消除了长期存在的重大安全隐患，不具有《刑法》规定的社会危害性。因此，公安机关以涉嫌串通投标罪对二人予以立案的理由不能成立。同时，许某某、包某某的行为亦不符合《刑法》规定的其他犯罪的构成要件。2019年7月18日，海州区人民检察院向海州公安分局发出《通知撤销案件书》，并与公安机关充分沟通，得到公安机关认同。

监督结果：2019年7月22日，海州公安分局作出《撤销案件决定书》，决定撤销许某某、包某某串通投标案。

（来源：《最高人民检察院第二十四批指导性案例》检例90号，高检网，2020年12月22日）

温某某合同诈骗立案监督案

关键词：合同诈骗、合同欺诈、不应当立案而立案、侦查环节、"挂案"、监督撤案

要旨：检察机关办理涉企业合同诈骗犯罪案件，应当严格区分合同诈骗与民事违约行为的界限。要注意审查涉案企业在签订、履行合同过程中是否具有非法占有目的和虚构事实、隐瞒真相的行为，准确认定是否具有诈骗故意。发现公安机关对企业之间的合同纠纷以合同诈骗进行刑事立案的，应当依法监督撤销案件。对于立案后久侦不结的"挂

第十一章 企业的刑事法律风险

案",检察机关应当向公安机关提出纠正意见。

基本案情:犯罪嫌疑人温某某,男,1975年10月出生,广西壮族自治区钦州市甲水务有限公司(以下简称甲公司)负责人。

2010年4月至5月间,甲公司分别与乙建设有限公司(以下简称乙公司)、丙建设股份有限公司(以下简称丙公司)签订钦州市钦北区引水供水工程《建设工程施工合同》。根据合同约定,乙公司和丙公司分别向甲公司支付70万元和110万元的施工合同履约保证金。工程报建审批手续完成后,甲公司和乙公司、丙公司因工程款支付问题发生纠纷。2011年8月31日,丙公司广西分公司经理王某某到南宁市公安局良庆分局(以下简称良庆公安分局)报案,该局于2011年10月14日对甲公司负责人温某某以涉嫌合同诈骗罪刑事立案。此后,公安机关未传唤温某某,也未采取刑事强制措施,直至2019年8月13日,温某某被公安机关采取刑事拘留措施,并被延长刑事拘留期限至9月12日。

线索发现:2019年8月26日,温某某的辩护律师向南宁市良庆区人民检察院提出监督申请,认为甲公司与乙公司、丙公司之间的纠纷系支付工程款方面的经济纠纷,并非合同诈骗,请求检察机关监督公安机关撤销案件。良庆区人民检察院经审查,决定予以受理。

调查核实:经走访良庆公安分局,查阅侦查卷宗,核实有关问题,并听取辩护律师意见,接收辩护律师提交的证据材料,良庆区人民检察院查明:一是甲公司案发前处于正常生产经营状态,2006年至2009年间,经政府有关部门审批,同意甲公司建设钦州市钦北区引水供水工程项目,资金由甲公司自筹;二是甲公司与乙公司、丙公司签订《建设工程施工合同》后,向钦州市环境保护局钦北分局等政府部门递交了办理"钦北区引水工程项目管道线路走向意见"的报批手续,但报建审批手续未能在约定的开工日前完成审批,双方因此另行签订补充协议,约定了甲公司所应承担的违约责任;三是报建审批手续完成后,乙公司、丙公司要求先支付工程预付款才进场施工,甲公司要求按照工程进度支付工程款,双方协商不下,乙公司、丙公司未进场施工,甲公司也未退还履约保证金;四是甲公司在该项目工程中投入勘测、复垦、自来水厂建设等资金3000多万元,收取的180万元履约保证金已用于自来水厂的生产经营。

监督意见:2019年9月16日,良庆区人民检察院向良庆公安分局发出《要求说明立案理由通知书》。良庆公安分局回复认为,温某某以甲公司钦州市钦北区引水供水工程项目与乙公司、丙公司签订合同,并收取履约保证金,而该项目的建设环评及规划许可均未获得政府相关部门批准,不具备实际履行建设工程能力,其行为涉嫌合同诈骗。良庆区人民检察院认为,甲公司与乙公司、丙公司签订《建设工程施工合同》时,引水供水工程项目已经获政府有关部门审批同意。合同签订后,甲公司按约定向政府职能部门提交该项目报建手续，得到了相关职能部门的答复，在项目工程未能如期开工后，甲公司又采取签订补充协议、承担相应违约责任等补救措施，并且甲公司在该项目工程中投入大量资金，收取的履约保证金也用于公司生产经营。因此，不足以认定温某某在签订合同时具有虚构事实或者隐瞒真相的行为和非法占有对方财物的目的，公安机关以合同诈骗罪予以刑事立案的理由不能成立。对于甲公司不退还施工合同履约保证金的行为，乙公司、丙公司可以向人民法院提起民事诉讼。同时，良庆区人民检察院审查认为，该案系公安机关立案后久侦未结形成的侦查环节"挂案"，应当监督公安机关依法处理。2019年9月27日，良庆区人民检察院向良庆公安分局发出《通知撤销案件书》。

监督结果：良庆公安分局接受监督意见，于2019年9月30日作出《撤销案件决定书》，决定撤销温某某合同诈骗案。在此之前，良庆公安分局已于2019年9月12日依法释放了温某某。

（来源：《最高人民检察院第二十四批指导性案例》检例91号，高检网，2020年12月22日）

本章小结

- 了解企业经营易触犯《刑法》的风险点。

- 针对刑事风险点制订专项合规方案。

- 通过各种途径营造合规经营的氛围。

第十二章
小微企业的企业合规问题

从 2020 年 3 月,最高人民检察院开展对涉案企业实施有效合规不起诉试点起,"企业合规"逐渐成为热词。

那么,企业合规与以往的企业合法有什么不同?

小微企业实施合规有必要吗?

小微企业如何实施合规性项目?

本章通过六节内容的介绍,帮助小微企业经营者了解企业合规性项目的基本问题,并对企业合规性项目问题引起重视。

第一节
企业合规概述

一、企业合规的含义

以下是从不同侧重点对合规含义的表述：

1. ISO《合规管理体系要求及使用指南》：合规是一个持续的过程，是一个组织履行其义务的结果。……组织内部建立一个有效的合规管理体系，能够表明组织遵守相关法律、监管要求、行业守则、组织标准、良好治理标准、普遍接受的最佳方法及道德和社区期望的承诺。

2.《企业境外经营合规管理指引》(外资发〔2018〕1916号)：合规是指企业及员工的经营管理行为符合有关法律法规、国际条约、监管规定、行业准则、商业惯例、道德规范和企业依法制定的章程及规章制度等要求。

3. 最高人民检察院涉案企业合规研究指导组编《涉案企业合规办案手册》：企业合规，是企业通过优化治理结构、健全规章制度、建设合规文化、应对合规风险的管理体系。

上述含义中合规的"规"不再局限于"法"，它已涉及国(境)内外法律法规、国际条约、监管规定、行业准则、商业惯例、道德规范、企业依法制定的章程及规章制度，以及企业文化等。

二、企业合规的分类

1. 作为公司治理方式的合规。也就是将合规管理作为企业管理的有机组成部分。

2. 作为行政监管奖励机制的合规。它是行政监管部门与企业达成行政和解协议的基础,也是企业受到宽大处理的依据。

3. 作为《刑法》激励机制的合规。亦即将合规作为对涉嫌犯罪的企业予以宽大处理的依据。

4. 作为解除国际组织制裁激励机制的合规。企业可以通过建立有效合规计划来寻求解除国际制裁,重新获得参与招投标项目的资格。

5. 专项合规与综合合规。专项合规,是指企业针对某一时期围绕某一个特殊领域展开的合规,是与某项业务相关的风险防控机制,具有较为浓厚的个性化色彩。综合合规,是指企业的合规计划,时间上是持续的,业务上包含所有的业务,一般小微企业并不适用。

三、企业合规的价值

(一)ISO《合规管理体系要求及使用指南》对企业合规价值的表述

ISO 对企业自身的合规价值的表述极其精辟。合规不仅是实现持续发展和成功的基础,也是一个机遇,能够为组织提供下列优势:

1. 增加商业机会、助力可持续发展。

2. 保护并提升组织的声誉和信誉。

3. 考虑各方面的期望。

4. 表明组织切实致力于有效管理其合规风险的决心。

5. 提升第三方对组织能够取得持续成功的信心。

6. 最大限度地降低违规行为发生的风险及相应的费用和声誉损失。

(二)[美]巴斯里、卡根《公司法律部(第三版)》对企业合规性项目重要性的表述

该书从公司合规性项目必要性的角度肯定了企业实施合规性项目的价值,认为一个公司应该有合规性项目,基于以下原因:

1. 有效合规性项目可以形成重视合规气氛,创造一个能阻止错误并减少雇员犯错可能性的环境。

2. 有效合规性项目能够在较早阶段发现错误,并促使组织迅速行动以将负面影响降至最低。

3. 处于政府管理下的公司能够以有效合规性项目的存在显示诚实信用,这可以避免或将可能违反公司利益的政府行为的影响降至最低。

4. 一个已经建立有效合规性项目的被判决有罪的公司,在违法时将从《联邦量刑指南》中受益。

(三)陈瑞华《企业合规基本理论》认为企业合规具有的价值

1. 促使企业遵守道德规范并承担起社会责任的意义,是企业合规所要实现的内在价值。

2. 企业合规的外在价值之一:企业的可持续发展。

3. 企业合规的外在价值之二:政府对企业的有效监管。

4. 企业合规的外在价值之三：利益相关方的保护。

5. 超越法律的自我治理：企业合规机制已经超越了正式的法律制度，替代了传统的执法方式，成为企业自我监管、自我整改和自我治理的一种方式。

（四）最高人民检察院涉案企业合规研究指导组《涉案企业合规办案手册》提炼概括的企业合规的基本价值

1. 企业合规的自治价值。（1）企业履行道德义务，承担社会责任；（2）提升企业竞争力，实现可持续发展。

2. 企业合规的社会价值。（1）维护市场经济秩序；（2）健全社会治理体系；（3）提升国际竞争力。

（五）《公司合规：创始人避免败局的法商之道》提炼概括的企业不合规的代价

企业不合规，通常是指企业不履行企业活动、产品和服务所产生的合规义务。

本书概括了企业不合规付出巨大法律代价的情形，从反面论证了企业合规的价值。

代价之一：公司或创始人面临巨额的民事赔偿或债务风险。

代价之二：监管机构对违规企业高额罚款或采取其他行政处罚措施。

代价之三：企业及创始人被列入失信被执行人清单。

代价之四：企业利润下滑，名誉毁于一旦。

代价之五：公司破产清算。

代价之六：公司及创始人被追究刑事责任。

四、合规管理机构

合规管理机构的设置，一般考虑企业的规模、业务性质、交易范围、监管要求等因素，设立合规委员会、合规负责人和合规管理部门。对尚不需要设立专门合规管理机构的企业，可由相关科室履行合规管理职责，明确合规负责人。

五、合规管理制度

合规管理制度包括两类：

1. 通用合规管理制度，即每个企业都必须具有的管理制度。

2. 专项合规管理制度，指针对某一风险点设立的合规管理制度。

六、企业合规的重点领域、重点环节和重点人员

1. 合规管理的重点领域为：市场交易、安全环保、产品质量、劳动用工、财务税收、知识产权、商业伙伴、数据安全、反洗钱等。

2. 合规管理的重点环节为：制度环节、决策环节、生产运营环节。

3. 合规管理的重点人员为：管理人员、重要风险岗位人员。

七、合规流程监控机制

合规流程监控机制主要包括：企业合规风险识别预警机制、合规监测和风险评估审查机制、合规信息举报与调查机制、合规风险应对处置机制。

八、合规文化

ISO《合规管理体系要求及使用指南》认为：组织的合规文化是"贯穿整个组织的价值观、道德准则、信仰的行为，并与组织结构和控制系统相互作用，产生有利于合规的行为规范"。

支持合规文化发展的因素包括：

1. 明确公开的价值观。

2. 管理层积极、明确执行和遵守价值观。

3. 无论何时都应保持对不合规处理的一致性。

4. 以身作则，进行监视、指导、领导。

5. 对可能担任关键职务的人员进行适当的职前评估，包括尽职调查。

6. 强调合规性和组织价值观的入职或培训。

7. 持续的合规培训，包括对所有人员和相关方的持续培训。

8. 就合规问题进行持续沟通。

9. 建立以实现合规关键绩效指标和结果为目标并将合规行为评价和绩效工资纳入考虑因素的绩效评估系统。

10. 大力表彰在合规管理和成果方面的成就。

11. 对故意或疏忽违反合规义务的行为及时给予适当的纪律处分。

12. 在组织的战略和个人角色之间建立清晰的联系，强调合规是实现组织成果的必要条件，在内部和外部就合规性进行公开和适当的交流。

第二节
企业合规的法律规范选介

本节按国外、国际组织、国内三部分，以时间顺序介绍重要的企业合规法律制度规范，便于读者了解企业合规制度产生的经济社会背景、企业合规制度发展历程及其内容。

一、国外企业合规的法律制度规范选介

（一）1977年，美国颁布《反海外腐败法》（FCPA）

《反海外腐败法》是最早的企业合规的法律规范，经过1988年、1994年和1998年三次修订，是目前美国控制海外商业贿赂行为的重要法律。该法是在美国公司以及外国在美的公司贿赂行为日益严重的背景下颁布的，旨在限制美国公司和个人贿赂国外政府官员的行为，对涉罪公司可以追究刑事和民事责任。1998年以后，该法的反腐败等条款逐步适用于在美国有类似贿赂行为的外国公司和个人，这些公司在美国之外发生类似贿赂行为，都受到《反海外腐败法》的管辖，涉罪公司和其他企业被处罚金，构成犯罪的人员被处罚金和监禁。除此之外，违法者还可能失去交易机会和交易资格。因此，美国公司以及与美国有联系的外国公司，为了避免如此严重的后果，开始重视公司内部合规制度建设问题，防范公司合规风险问题。

(二)1991年,美国颁布《联邦量刑指南》

《联邦量刑指南》适用于所有行业,规定企业具备有效的合规计划的条件时,可以减轻处罚,作为一种积极的激励措施,鼓励企业按照指南要求,发挥被监管者——企业的自律积极性,积极采取合规措施。

"有效的合规计划",主要指一个合理设计、实施和执行的机制,旨在有效预防和发现犯罪行为。它既是检察官决定是否对涉案企业起诉的重要依据,也是法官对犯罪企业进行量刑时的参考因素。

"假如企业拥有有效的合规计划,那么,《联邦量刑指南》允许将罪责指数予以降低,由此可以导致罚金数额降低30%。通常情况下,一个有效的企业合规计划,可以使涉案企业在被量刑时减少数百万美元的罚金。"(陈瑞华:《企业合规基本理论》)

有效合规的一般标准为:

一是建立合规政策,合理预防犯罪行为的发生;

二是制定高层人员监督企业的合规政策和标准;

三是禁止向那些可能有犯罪倾向的个人授予重大自主决定权;

四是通过培训等方式向员工普及企业合规的政策和标准;

五是建立有效的合规措施,如利用监测、审计系统发现犯罪行为,建立违规举报制度,确保员工举报可能的违规行为;

六是建立惩戒机制,严格执行合规标准;

七是在犯罪行为发生后,采取必要措施应对犯罪行为,预防类似行为再次发生,如修改完善合规计划等。

(三)2016年12月8日,法国国会通过《萨宾第二法案》

《萨宾第二法案》吸收了美国《反海外腐败法》和英国《反贿赂

法》的相关内容，确立了反海外腐败行为的制度。

该法案首次确立强制合规制度，要求符合条件的企业承担建立合规机制的义务，并对不建立合规机制的公司确立了法律责任。符合承担建立合规机制的义务的企业，符合以下两项条件：一是用工人数达到500人以上，或者隶属于总部设在法国且用工人数达到500人的公司集团；二是有关营业收入超过1亿欧元。

该法案确立了法国式的暂缓起诉制度，允许检察官与涉嫌犯罪的企业签订和解协议，确立三年考验期，涉案企业在此期限内缴纳罚款、赔偿受害者并制订或完善合规计划，在期满经审查确认履行了协议内容，检察机关将撤销起诉。

二、国际组织企业合规制度规范选介

（一）2005年4月29日，巴塞尔银行监管委员会发布《合规与银行内部合规部门》

巴塞尔是瑞士的一个城市，巴塞尔银行监管委员会代表世界强大的的经济集团，有着巨大的影响力。该文件对合规风险的定义、董事会和高级管理层在合规方面的职责、合规部门原则作了详细规定。

（二）2010年，经济合作与发展组织发布《内部控制、企业道德及合规最佳实践指南》

该指南对成员国和跨国企业提出预防腐败的要求。

（三）2010年，世界银行发布《世界银行集团诚信合规指引》

该指引以规制参与投竞标企业的腐败、欺诈、串通等不合规行为，明确规定世界银行对严重违规企业进行制裁，而违规相对较轻的企业则有机会通过建立诚信合规体系以解除制裁。

该指引的合规体系内容：

一是禁止不当行为。如欺诈、腐败、串通和强迫行为。

二是职责。包括领导职责、全体员工的责任、合规官员的职责，旨在创建和维护一种基于信任的包容性组织文化，鼓励道德行为和守法承诺，对不当行为绝不姑息。

三是合规计划启动、风险评估及检查。

四是内部政策。制订实用有效的合规计划，明确阐述相关价值、政策和程序，用以预防、发现、调查和补救在公司/个人有效控制下的任何形式的不当行为；包括对雇员尽职调查、限制与前政府官员的关系安排、馈赠、接待、娱乐、旅行和开支、政治捐款、慈善捐款和赞助、好处费、记录保存、发现预防欺诈、串通和强迫行为。

五是针对业务伙伴的政策。应尽最大努力鼓励对业务伙伴作出对等承诺，以预防、发现、调查和补救不当行为；包括业务伙伴尽职调查、向业务伙伴告知诚信合规计划、作出对等承诺、完整记录同业务伙伴之间的关系、确保所有报酬的支付都是适当的、监测/监督业务过程尽可能杜绝不当行为。

六是内部控制。包括通过财务制度、合同义务、决策程序来预防控制与合规计划相抵触的行为。

七是培训与交流。定期宣传合规计划根据不同需求培训职员并予以记录，公司管理层须在年度报告中对合规计划进行说明。

八是激励机制。通过激励措施、惩戒措施确保合规计划推广实施。

九是报告制度。对合规计划相关问题全员有上报义务，公司要对全员以及合作伙伴进行合规计划指导建议,公司设立检举/热线。

十是不当行为的补救措施。启动调查程序,采取应对措施。

十一是集体行动。与商业组织、工业团体、专业协会及民间社会组织合作制订预防不当行为的相关计划。

(四)2014年12月15日,国际标准组织发布《合规管理体系指南》(ISO 19600：2014)

该指南为如何在组织中建立、发展、实施、评估、维护改进一个有效和响应及时的合规管理体系提供了指引。

(五)2021年4月,国际标准组织发布ISO 37301：2021《合规管理体系要求及使用指南》,代替ISO 19600：2014《合规管理体系指南》

该指南主要内容,规定了组织建立、运行、维护和改进合规管理体系的要求,并提供了使用指南,适用于全球任何类型、规模、性质和行业的组织,对于各类组织的合规管理能力建设、政府监管活动、国际贸易交流、沟通合作改善具有重要意义。

该指南至少有四种使用方式。一是作为各类组织自我声明符合合规的依据;二是作为认证机构开展认证的依据;三是作为政府监管的依据;四是作为司法机关对违规企业量刑与监管验收的依据。

三、中国企业合规制度政策选介

(一)2006年,中国发布首个针对合规管理的文件——中国银监会《商业银行合规管理指引》

该指引主要内容:

一是建设强有力的合规文化。

二是建立有效的合规风险管理体系。

三是建立有利于合规风险管理的三项基本制度,即合规绩效考核制度、合规问责制度和诚信举报制度。

该指引的"合规"是指"使商业银行的经营活动与法律、规则和准则一致"。这里所说的"法律、规则和准则",是指适用于银行业经营活动的法律、行政法规、部门规章及其他规范性文件、经营规则、自律性组织的行业准则和职业操守。

该指引的"合规风险"是指商业银行因没有遵守法律、规则和准则可能受到法律制裁、监管处罚、重大财务损失和声誉损失的风险。

(二)2006年,中国国务院国资委发布《中央企业全面风险管理指引》

(三)2008年,中国全国工商联发布《全国工商联民营企业法律风险管理指引》

该指引旨在增强民营企业对法律风险管理的了解与认识,为民营企业提供风险管理的工具、方法,引导民营企业建立、健全法律风险管理机制。

(四)2010年4月26日,中国财政部等五部委联合发布《企业内部控制评价指引》

(五)2011年12月30日,中华人民共和国国家质量监督检验检疫总局、中国国家标准化管理委员会发布《企业法律风险管理指南》(GB/T 27914-2011)

该指南适用于各种类型和规模的企业,可指导企业全生命周期和所有经营环节的法律风险管理活动。

该指南对"企业法律风险"的定义是"基于法律规定监管要求或合同约定,由于企业外部环境及其变化,或企业及其利益相关者的作为或者不作为,对企业目标产生的影响"。把企业法律风险分为六类:法律环境产生的风险、违规行为产生的风险、违约行为产生的风险、侵权行为产生的风险、不当行为产生的风险、怠于行使权利产生的风险。并提出企业实施法律风险管理的程序为明确法律风险环境信息、法律风险评估、法律风险应对、监督和检查等四个过程。

(六)2015年中国证监会发布《行政和解试点实施办法》

该办法是我国首次在证券和期货监管领域试行行政执法和解制度。所谓行政和解,是指中国证监会在对行政相对人涉嫌违反证券期货法律、行政法规和相关监管规定行为进行调查过程中,根据行政相对人的申请,与其就改正涉嫌违法行为、消除涉嫌违法行为不良后果、交纳行政和解金补偿投资者损失等进行协商达成和解协议,并据此终止调查执法程序的行为。

(七)2017年12月,中国出台《合规管理体系指南》(GB/T 35770-2017)

该指南根据国际标准组织《合规管理体系指南》(ISO 19600: 2014)的内容制定。该指南"引言"指出:"合规是组织持续发展的基石……合规意味着组织遵守了适用的法律法规及监管规定,也遵守了相关标准、合同、有效治理原则或道德准则。若不合规,组织可能遭受法律制裁、监管处罚、重大财产损失和声誉损失。"

（八）2018年，国务院国资委出台《中央企业合规管理指引（试行）》

该指引是中国首部具有强制性建立合规管理体系的指引文件，将合规的"规"定义为"法律法规、监管规定、行为准则和企业章程、规章制度以及国际条约、规则等要求"。主要内容包括合规管理职责、重点、合规管理运行、合规管理保障等。

（九）2018年，国家发改委等七部委联合印发《企业境外经营合规管理指引》

该指引是中国首部企业境外经营合规管理指引文件，要求我国企业开展境外经营，要全面了解关于劳工权利保护、环境保护、数据和隐私保护、知识产权保护、反腐败、反贿赂、反垄断、反洗钱、反恐怖融资、贸易管制、财务税收等方面的规定，在对外贸易、境外投资、对外承包工程和境外日常经营这四类应当结合经营所在地实际情况界定其合规边界，并梳理出相关的法律规范。

（十）中共中央印发《法治社会建设实施纲要（2020-2025年）》

该纲要提出"引导企业树立合规意识，切实增强企业管理者和职工的法治观念"。

（十一）中宣部、司法部发布《关于开展法治宣传教育的第八个五年规划（2021-2025年）》

该规划提出"深化依法治企。……推动企业合规建设，防范法律风险，提升企业管理法治化水平"。

第三节
我国企业合规制度建设历程

外国包括国际组织的组织合规法律制度,对我国金融业、跨国跨境经营或参与国际组织出资项目竞标的企业产生了巨大的影响,国内有些企业先于其他企业触及并接受企业合规理念,吸收企业合规的法律规范以及经验教训,中国开始探索建立具有中国特色的企业合规制度。

我国合规制度建设从制度规范角度,经历了从政府行政监管向行政监管合规激励和刑事激励试点提升发展的过程。

一、政府行政监管合规制度建设

1992年,审计署、中国人民银行联合发布《对金融机构贷款合规性审计的实施方案》;2006年,中国证监会发布《商业银行合规风险管理指引》;2008年,财政部等五部门发布《企业内部控制规范》。

2017年3月至2018年4月,美国政府以中兴通讯公司违反美国出口管制法案,采取支付巨额罚款、保证金、派驻合规监督团队的重罚。中兴通讯案例引起国内政府和企业的巨大震动,促使有关方面关注合规风险并强化合规制度规范建设和有效实施。

国家标准化管理委员会发布《GB/T 35770-2017 合规管理体

系指南》；2018年，国务院国资委印发《中央企业合规管理指引》；同年，国家发改委等七部门发布《企业境外经营合规管理指引》。

二、行政监管激励制度探索与实施

（一）企业合规行政监管激励

行政监管激励，是指企业违法违规时，行政监管机构鉴于涉案企业事前建立合规制度或事后整改合规予以宽大处理的制度。

行政和解就是行政监管部门在行政执法中，对于作出合规承诺的涉嫌违法违规的企业，设置合规考验期并暂缓实施行政处罚的宽大机制，是行政监管激励重要的措施之一。2015年2月17日，中国证监会出台《行政和解试点实施办法》，在证券期货监管领域试点实行行政执法和解协议制度。在总结试点经验基础上，2022年1月1日《证券期货行政执法当事人承诺制度实施办法》施行。我国《反垄断法》也体现了行政和解的理念，如第45条规定，对涉嫌垄断行为，被调查的经营者承诺在一定期限内，采取具体措施消除该行为的不良后果的，反垄断执法机构可以决定终止调查。

2017年的《反不正当竞争法》第7条，企业工作人员的贿赂行为与经营者隔离的条件是"经营者有证据证明该工作人员的行为与为经营者谋取交易机会或者机制优势无关"，这个隔离条件的证明正是通过企业举证证明企业实施有效合规机制实现的。

2020年国务院反垄断委员会印发的《经营者反垄断合规指南》规定，经营者主动向反垄断执法机构报告达成反垄断协议情况，反垄断执法机构可以酌情减轻或者免除对该经营者的处罚。

2021年修改的《行政处罚法》规定了企业行政合规的宽大行政处理机制，如第33条第1款规定："违法行为轻微并及时改正，没有造成危害后果的，不予行政处罚。初次违法且危害后果轻微并及时改正的，可以不予行政处罚。"

（二）企业合规行政监管激励案例

> **案例**
>
> **中国证监会第一个行政和解案例**
>
> 2019年4月23日，中国证监会发布2019年第11号公告称，根据《行政和解试点实施办法》，证监会与高盛（亚洲）有限公司、北京高华证券公司以及相关九名行政和解申请人达成行政和解协议。根据和解协议，这些申请人已交纳行政和解金1.5亿元人民币，且申请人已经采取必要措施加强公司的内控管理，并在完成后向证监会提交书面整改报告，证监会因此终止对申请人有关行为的调查、审理程序。
>
> 高盛和解涉案，源于其在2013年至2015年间的违规自营交易。该案是A股历史上采用行政和解的第一案，标志着中国资本市场的执法模式的历史性突破。
>
> （来源：新浪财经，2021年11月29日）

三、企业合规刑事激励制度规范建设与实务

（一）人民检察院企业合规刑事激励制度规范建设

1. 2020年3月，最高人民检察院开展第一期"企业合规改革试点"工作，其范围在上海、江苏、山东、广东的6家基层检察院开展。

2.2021年3月19日,最高人民检察院发布《关于开展企业合规改革试点工作方案》。

最高人民检察院于2021年3月至2022年3月开展第二期试点工作,其范围为北京、辽宁、上海、江苏、浙江、福建、山东、湖北、湖南、广东等10个省(直辖市)的27个市级、165个基层检察院。

《方案》指出,开展企业合规改革试点工作,是检察机关对于办理的涉企刑事案件,在依法作出不批准逮捕、不起诉决定或者根据认罪认罚从宽制度提出轻缓量刑建议的同时,针对企业涉嫌具体犯罪,结合办案实际,督促涉案企业作出合规承诺并积极整改落实,促进企业合规守法经营,减少和预防企业犯罪,实现司法办案政治效果、法律效果、社会效果的有机统一。

通过总结试点经验,第一,申请全国人大常委会授权开展涉案企业犯罪附条件不起诉试点;第二,提出建立涉案企业犯罪附条件不起诉制度的立法建议,推动相关立法修改。

上述两方面作为涉案企业犯罪附条件不起诉试点的目标,其意义重大且非常深远。

3.2021年6月3日,中国最高人民检察院等九部门发布《关于建立涉案企业合规第三方监督评估机制的指导意见(试行)》。

涉案企业合规第三方监督评估机制是指人民检察院在办理涉企犯罪案件时,对符合企业合规改革试点适用条件的,交由第三方监督评估机制管理委员会选任组成的第三方监督评估组织,对涉案企业的合规承诺进行调查、评估、监督和考察。考察结果作为人民检察院依法处理案件的重要参考。

4. 2021年10月20日，浙江省东阳市检察院等五部门联合发布《建设施工企业投标合规指南》。浙江省东阳市是著名的"建筑之乡"，该指南从总则、投标合规管理架构、投标合规风险重点、投标合规管理运行、投标合规管理保障、附则等六个方面对建筑施工企业投标合规建设工作作了指导性规定，指引建筑施工企业建立招投标专项合规制度。

5. 2021年11月25日，最高人民检察院等九部门发布《关于建立涉案企业合规第三方监督评估机制的指导意见（试行）实施细则》。

6. 2021年11月25日，最高人民检察院等九部门发布《涉案企业合规第三方监督评估机制专业人员选任管理办法（试行）》。

7. 2022年4月20日，最高人民检察院等九部门发布《涉案企业合规建设评估和审查办法（试行）》。该办法第1条第3款规定，涉案企业合规审查，是指负责办理案件的人民检察院对第三方组织的评估过程和结论进行审核。第4款规定，针对未启动第三方机制的小微企业合规，可以由人民检察院对其提交的合规计划和整改报告进行审查。

8. 2022年4月12日，浙江省金华市检察院发布《企业合规流程及文书指引合规指南》。该指引将合规流程分为案件筛选、合规承诺、监管人员选定、合规计划制订、动态合规考察、合规激励等环节，并针对各流转环节制定26份文书模板，为企业合规工作提供闭环式的实操指引。

（二）企业合规刑事激励典型案例

以下列举三个企业合规刑事激励的典型案例。

案例

企业合规无罪抗辩第一案

基本案情：根据(2016)甘0102刑初605号刑事判决书，2011年至2013年9月，被告人郑某等6名雀巢公司员工为推销雀巢奶粉通过向兰州多家医院医务人员支付好处费等手段，获取孕产妇个人信息。兰州市城关区人民法院一审庭审时，郑某等辩称，他们收集公民信息的行为是为完成公司任务，属于公司行为。雀巢公司通过提供如《雀巢指示》《关于与保健系统关系的图文指引》等公司规章制度、员工承诺函等证据，以证明雀巢公司禁止员工从事侵犯公民个人信息的违法犯罪行为。一审宣判，以侵犯公民个人信息罪，分别判处郑某等拘役、有期徒刑等刑罚。郑某等不服一审判决，提起上诉。2017年5月31日，兰州市中级人民法院经过不开庭审理后认为，"单位犯罪是为了本单位谋取非法利益之目的，在客观上实施了由本单位集体决定或者由负责人决定的行为。雀巢公司手册、员工行为规范等证据证实，雀巢公司禁止员工从事侵犯公民个人信息的违法犯罪，各上诉人违反公司管理规定，为提升个人业绩而实施的犯罪为个人行为"。据此，兰州市中级人民法院裁定驳回上诉，维持原判。

意义：这一裁决的重大突破在于，法院以企业合规管理体系为依据，认定单位不存在构成犯罪所需要的主观意志因素，从而将单位责任与员工个人责任进行切割。

（来源：兰州市中级人民法院(2017)甘01刑终89号刑事裁定书）

张家港市 L 公司、张某甲等人污染环境案

2020 年 8 月,张家港市公安局以 L 公司、张某甲等人涉嫌污染环境罪向张家港市检察院移送审查起诉。张家港市检察院进行办案影响评估并听取 L 公司合规意愿后,指导该公司开展合规建设。

2020 年 10 月,检察机关向 L 公司送达《企业刑事合规告知书》,该公司在指定期限提交了书面合规承诺书以及行业地位、科研力量、纳税贡献、承担社会责任等证明材料。

检察机关对 L 公司做出合规考察决定。L 公司聘请律师对合规建设进行初评,全面排查企业合规风险,制订详细合规计划。检察机关委托税务、生态环境、应急管理等部门对合规计划进行评估。2020 年 12 月,评估小组对 L 公司整改情况及合规建设情况进行评估,经评估合格,通过合规考察。同月,检察机关召开听证会,参加会议人员建议对 L 公司作不起诉处理。检察机关当场公开宣告不起诉决定,并依法向生态环境部门提出对该公司给予行政处罚的检察意见。2021 年 3 月,苏州市生态环境局根据《水污染防治法》有关规定,对 L 公司作出行政处罚决定。

通过开展合规建设,L 公司逐步建立起生产经营、财务管理、合规内控的管理体系,改变了粗放的发展模式。

意义:一是检察机关主动发挥合规主导责任;二是检察机关推动企业合规与检察听证、刑事行政衔接相结合。

(来源:最高人民检察院《涉案企业合规办案手册》)

浙江首个企业合规法律监督案例

浙江省永康市检察院邀请相关行政职能部门领导、人大代表、政协委员、人民监督员等各界人士,对一起企业合规法律监督案件举行公开听证。这是浙江省首例企业合规法律监督案公开听证。

2020年11月,永康市检察院受理一起企业虚开增值税专用发票案后,通过对企业进行一系列的资格评估后,向企业发出全省首份《企业合规法律监督意见书》,推动企业合规经营。

合规建设启动后,永康市检察院按照上述《意见》的规定,提请合规指导员介入,帮助企业构建涉税方面的专项合规计划,并确定合规考察组,开展为期6个月的合规考察。

听证会上,永康市检察院人员就本案认定事实、证据采信、法律适用及认罪认罚情况进行了详细介绍,阐明案件拟不起诉的理由依据,并就实地走访情况进行了说明。

合规监管考察组认为,该公司通过开展企业合规建设,生产经营面貌焕然一新,企业销售和税收同期都有所增长,合规效果较好。经集中评议,人大代表、政协委员、人民监督员等一致同意对涉案企业作出不起诉决定。之后,永康市检察院正式宣告对此案不起诉,并送达文书。

(来源:《检察日报》,2021年7月19日)

第四节
企业合规示范文书选录

为便于小微企业学习了解企业合规制度和专项计划，以下对最高人民检察院涉案企业合规研究指导组《涉案企业合规办案手册》中企业合规计划和相关制度、意见以及通用企业合规制度予以介绍。

一、《合规整改方案》示例

此示例关键词为：非法制造、销售非法制造的注册商标标识案、微型企业。

合规整改方案

某人民检察院：

张某某、蔡某某因涉嫌非法制造、销售非法制造的注册商标标识一案被移送贵院审查起诉，贵院就蔡某某经营的某贸易有限公司经营过程中存在的合规风险向公司及法定代表人进行了反馈，实事求是、客观公正地指出了公司存在的问题，有针对性地提出了检察建议，并出具了《合规风险告知书》。公司高度重视，对检察院反馈的问题和建议意见，在深入分析原因、查找症结的基础上，结合工作实际，坚持问题导向，以强烈的责任心和高度负责的态度向贵院出具合规承诺书，并将于2021年5月1日开始的30天内进行专项合规整改，现制订具体整改方案如下：

一、公司商标审查应当遵守的规定

1.《商标法》及其实施条例;

2.《关于审理商标民事纠纷案件适用法律若干问题的解释》;

3.《驰名商标认定和保护规定》;

4.《集体商标、证明商标注册和管理办法》;

5.《关于办理侵犯知识产权刑事案件具体应用法律若干问题的解释》;

6.《民法典》。

二、公司合规风险汇总

(一)企业负责人商标意识薄弱,该公司销售的辅料图案中存在一些可能侵犯商标权的产品,接单时没有实质性审查是否属于侵权产品。根据《商标法》第57条的规定,有下列行为之一的,均属侵犯商标专用权:

1.未经商标注册人的许可,在同一种商品上使用与其注册商标相同的商标的。

2.未经商标注册人的许可,在同一种商品上使用与其注册商标近似的商标,或者在类似商品上使用与其注册商标相同或者近似的商标,容易导致混淆的。

3.销售侵犯商标专用权的商品的。

4.伪造、擅自制造他人注册商标标识或者销售伪造、擅自制造的注册商标标识的。

5.未经商标注册人的同意,更换其注册商标并将该更换注册商标的商品又投入市场的。

6.故意为侵犯他人商标专用权行为提供便利条件,帮助他人实施侵犯商标专用权行为的。

7.给他人的注册商标专用权造成其他损害的。

结合企业分析：根据公司柜台上陈列的一系列辅料，部分涉及外国球队、俱乐部以及国家性标志的商标图案可能构成侵权。综上所述，该企业销售的这些有关球队的商标图案可能存在侵权，一旦该球队有在中国注册商标及类别，而该企业销售刚好属于这一类别范围的，那就可能存在侵犯注册商标专用权，不仅如此，包括其他商标图案的辅料，是否也属于已经注册过的，也是需要审查的，都有构成侵权的风险。

（二）进货渠道不规范，缺乏正规买卖合同及正规发票。通过跟涉案企业的沟通了解到，该企业所购进的辅料都是从一些市场上随意购买的，根本不知道卖方的经营是否合法、出自哪里，也没有签订购买合同或者协议发票，导致一旦侵权，企业所承担的责任就比较大。

三、合规监管要点

监督对象	监督要点
商标审查项目	是否存在侵权
买卖交易项目	是否签订合同或者出具发票
柜台陈列辅料项目	检查侵权辅料是否撤出

四、整改承诺

公司同意在合规监督员的监督下建立完善合规体系，将积极配合合规考察工作，向合规监督员提供不限于提供真实、完整、专业的单位经营信息及内部资料。支持合规监督员履行职责，并采取措施切实保障合规监督员不因履行职责遭受不公正、不合理的对待。

五、反馈风险整改措施

（一）公司每次接单时，都要对客户所需要的商标辅料在工商局或者知识产权网站进行商标审查。可以分以下几种情况：

1.对于那些明显严重侵犯商标权的辅料图案经审查，属于未经商标注册人的许可，在同一种商品上使用与其注册商标相同的商标情况的，一律不接单。

2.对那些可能存在部分更改商标字母或者微小变动图案的辅料图案，是属于未经商标注册人的许可，在同一种商品上使用与其注册商标近似的商标，或者在类似商品上使用与其商标相同或者近似的商标容易导致混淆的，一律不接单。

3.对于那些比较少见不被大众普遍认识的商标，要经过审查，确认不存在侵权，可以接单。

（二）公司的每次进货辅料，都要简单地了解卖方的基本情况，并签订买卖合同，合同要明确经营的合法范围，承诺不存在侵犯商标权的商品，以降低公司的涉案风险。若无合同，也可以出具买卖发票，实名签收，做到有人可循。

（三）关于现在可能存在侵犯商标权的辅料图案，一律不再销售，在陈列柜中撤出，做到合法经营，杜绝侵权行为再次发生。公司将以此次案件为契机，对照反思，举一反三，认真总结。通过30天整改，切实有效提升公司经营合法性，全面履行市场主体义务，坚定不移地将公司合规经营放在更突出的位置。公司承诺在合规整改结束前出具自查报告，并在听证会上接受质询。

二、《专利管理制度》示例

（详见第七章第三节，第188—196页）

三、《商标管理制度》示例

（详见第九章第四节，第202—207页）

四、《保密协议》示例

保密协议

第一条 乙方为甲方的聘用员工。乙方应理解甲方拥有的商业秘密事项和其他知识产权是甲方生产、市场竞争和经济增长的关键所在。因此，忠诚保护属于甲方的商业秘密事项和其他知识产权是甲方聘用乙方的重要条件之一，乙方同意签订并严格遵守本协议。

第二条 本协议所称知识产权系指以下内容：

（一）专利权是指发明、实用新型、外观设计；

（二）商标权是指公司及所属公司拥有的注册商标、商号等；

（三）著作权是指利用公司的物质技术条件创作，并由公司承担责任的工程设计、产品设计图及其说明、计算机软件、集成电路布图设计、科学技术著作等；

（四）商业秘密是指不为公众所知，能够为公司带来经济效益，具有实用性并经公司采取保密措施的技术信息和经营信息；

（五）技术秘密是指公司新产品、产品配方、工厂自制设备及设备的改进、工业配方、生产技术报告、工程设计、产品设计图纸及其说明、计算机软件、涉及公司技术秘密的摄影、录像等；

（六）经营秘密是指办公室制定的产销策略、往来客户名单及其购销合同、协议、档案、市场、价格、财务经营信息以及公司特有的管理方式。

第三条　乙方受聘为甲方工作服务而接触的各种资讯,均推定为甲方的知识产权,但乙方能举证非属甲方知识产权者不在此内。

第四条　双方同意乙方在受聘期间职务智力劳动成果,或在甲方企划下开发、创作、生产、制造、销售的任何发明、发现、构思、概念、公式、程序、制造技术、著作、商业秘密、创意或改进等,不论可否取得专利权、商标专用权、著作权、科技成果等知识产权,均归甲方所有。乙方同意依甲方要求,采取一切甲方认为取得及保持前述知识产权所需的一切行为,包括申请、注册、登记等,并同意依甲方的指示,出具必要的措施确认甲方的知识产权。乙方同意在未获得甲方事先书面同意时,不得将甲方的知识产权透露给任何第三人。

第五条　乙方在签订协议时,应告知甲方在签订本协议前自己所有的各项发明、专利、著作或专门技术,以及对他人负有法令上或契约上使用或交付的有关知识产权的义务。乙方在受聘期间,或在甲方企划下,若有上述第四条所述职务知识产权产生或创作时,乙方应立即书面呈知甲方。

第六条　乙方同意且承诺在执行职务时,不使用未经他人合法授权的资料,并保证不致有抄袭模仿他人的知识产权的事情发生。如乙方违反此承诺而侵犯他人的知识产权,应由乙方自负其责,若乙方的行为导致甲方受第三人的指控和起诉等造成甲方声誉和经济直接或间接损失时,乙方承担一切经济和法律责任。

第七条　乙方应遵守甲方有关知识产权方面的规章制度,遵守政府及其代理人或国内外其他任何公司、组织与甲方签订的有关知识产权保护合同等契约。

第八条　乙方因职务上的关系所持有的一切记录或含有知识产

权方面的文件、资料、图表或其他媒体等各种资料皆归甲方所有,乙方在离职或在甲方请求时,应立即全部交还甲方指定的公司和人员,并办妥相关手续。

第九条 乙方应采取必要措施维护其在受聘期间所接触的事项以保持其秘密性。除因职务范围内容需要,并按照甲方规定正当合理使用外,非经甲方事前书面同意,不得私自索取、复印、抄录、泄密、告知、支付、转移或以任何其他方式使第三者知悉,或对外发表、出版等。乙方退休离职后仍依前项规定遵守保密义务。

第十条 乙方同意在受聘期间及自己从甲方离职后三年内,非经甲方同意,不得有下列行为:以自己和他人名义直接或间接投资(不管投资形式),经营其他与甲方知识产权相类似的事业。

第十一条 乙方如违反本协议任何一条款,造成甲方损失的,应无条件赔偿甲方损失,若构成犯罪的,依照《刑法》追究刑事责任。

第十二条 本协议未规定事项,依照相关法律办理。本协议若与相关法律法规抵触时,以国家相关法律法规为准。

第十三条 双方同意以中国法律法规为本协议的标准。关于本协议规定引起的纠纷,双方同意甲方所在地的人民法院为一审法院。

第十四条 本协议一式三份,甲方人事部门和知识产权管理部及乙方各执一份,自甲、乙双方签章之日起生效。

第十五条 本协议的签署基于保护知识产权需要,乙方在签署前已仔细阅读此协议的内容,并完全了解此协议的规定。

甲方:(盖章)　　　　　　　乙方:(签章)

法定代表人:(签章)

　年　月　日　　　　　　　年　月　日

五、《企业合规计划书》示例

此示例关键词为：非法经营案、微型企业。

企业合规计划书

一、企业情况概述

某化工材料有限公司创建于 2015 年，于 2018 年取得市政府颁发危险化学品经营许可证。公司主营 5.2 类过氧化物产品，主要针对国内外贸易出口，属于占地小、无消耗、无污染发展型小微企业，公司在 2019 年至 2020 年累计销售金额 1200 余万元，纳税金额 13 余万元，积极为当地经济建设做出了贡献。

二、企业涉案情况及成因分析

某地公安分局起诉意见书认定：公司销售经理钟某某、监事缪某某、法定代表人田某某等人共同委托孙某某加工过氧化二苯甲酰 37 吨，价值 37 万余元，用于向他人销售盈利；帮孙某某代购部分原料苯甲酰氯 3 吨；从孙某某处购买过氧化二苯甲酰 180 吨。企业涉案行为暴露了企业运营中的诸多刑事风险防范的缺失。

（一）企业管理层法律意识较薄弱

第一，关于"委托孙某某加工过氧化二苯甲酰"行为，管理层当时明知孙某某在某市非法设立小化工厂无证生产过氧化二苯甲酰，为了能够获得市面较为紧缺的过氧化二苯甲酰进行销售获利，在孙某某缺少资金、原料紧张的情况下，铤而走险提前支付货款、提供原料，实际上是助推了孙某某实施违法违规行为，为孙某某的非法经营行为提供了实质性帮助。

第二，关于"帮孙某某代购部分原料苯甲酰氯"行为，管理层当时认为只是企业账户上的走账行为，自身企业既不参与生产运输，也不从中获利，进而同意帮孙某某代购苯甲酰氯，殊不知正是该行为让自身企业陷入了与孙某某共同违法违规的风险。

第三，"购买过氧化二苯甲酰"的行为，管理层当时明知孙某某无证生产过氧化二苯甲酰，但是以孙某某某地具有经营危化品资质的某贸易有限公司为掩盖，故意回避孙某某危化品经营资质异地无效和无证进行生产事实，为追求公司利益，依然选择与孙某某合作，为孙某某销售危化品提供帮助，这种行为无疑助长了孙某某等人的非法经营行为。

（二）公司相关制度规范不够健全

公司2015年注册成立，于2018年取得危险化学品经营许可证才正式开始经营，公司经营范围局限在部分危险化学品的贸易往来，无生产、存储资质。公司的人员始终未超过10人，属于典型的小微企业，为了在市场中能够存活，公司维持着最低的运营成本，除了公司的会计，其他人员本质上都属于销售人员，因此公司的相关制度还停留在公司注册之初公司章程之中的内容。相关制度的缺失是公司及公司相关人员陷入刑事风险的重要因素。

三、企业合规整改计划内容

（一）建立合规管理责任人团队

本单位合规组织包括以下几个方面：

1. 本单位法定代表人是合规管理的第一责任人。

2. 本单位监事是合规管理的主要负责人。

3. 本单位设立专职或兼职合规岗位，考虑聘请外部专家顾问协助开展合规管理工作。

（二）本单位的合规承诺

建立反非法经营合规承诺制度。其中包括：

1. 本单位管理层的集体合规承诺，表示严格遵守合规整改计划。

2. 相关岗位人员的承诺，表示在自己的职责范围内履行反非法经营合规义务。

(三) 本单位的合规制度完善

其中包含以下几个方面的制度建设：

1. 非法经营刑事风险库制度

建立本单位非法经营刑事风险库制度，是一项重要的基础工作，需要开展下列工作：

(1) 围绕本单位被指控的非法经营具体罪名以及其他相关罪名，对企业经营管理流程各环节、各岗位履行职责进行非法经营刑事风险源、对应风险点的全面梳理，建立本单位非法经营刑事风险库，根据风险点制定针对性的防范措施。

(2) 合规风险要素库要根据公司经营和外部监管政策和环境的变化，定期更新。

(3) 本单位全部人员都要承担各自职责范围内的非法经营风险识别责任，及时报告识别情况，并纠正有偏差的行为。

(4) 本单位管理人员要承担非法经营定期风险监测责任，定期开展专项调查，及时发现违背合法经营合规管理要求的各类违规行为。

2. 企业合规行为准则

根据梳理处理的合规风险点，制定企业合法经营行为准则。

(1) 业务磋商环节：负责进货洽谈的业务员应充分了解对方公司及货源情况，若货物为对方公司自产，则审查对方公司是否具有相关生产或经营资质；若货物为对方公司从第三方购买，则要求对方公司提供相关证明文书、承诺合法来源。

（2）合同签订环节：负责合同审批及签章的管理层除应审查上述内容之外，还应将相关文件或承诺作为合同附件，一同签署。同时审查收款单位与对方公司是否具有同一性。

（3）支付货款环节：企业财务会计在取得审批单和签章合同后，认真核对收款单位与对方单位是否为同一公司，若收款单位与对方单位不是同一公司，也没有相关情况说明，则应拒绝支付货款。

（4）合同签订履行之后及时造册登记、保管和归档。

3. 本单位合规管理实施办法

为了防止合规管理流于形式，落入"纸面合规"的陷阱，制定本单位合规管理实施办法，主要包含以下三方面内容：

（1）明确非法经营风险识别、监测和纠正责任，建立本单位合规管理的岗位责任制体系。

（2）建立非法经营线索报告机制，设立举报电话、邮箱和信箱，要求本单位全体员工履行线索的及时报告义务。

（3）建立责任追究机制。对涉嫌非法经营的各种违规行为加大调查和追责力度，严肃处理涉嫌非法经营犯罪的直接责任人和间接责任人，提高合规管理的严肃性。

（四）开展反非法经营合规教育和文化建设

本单位反非法经营合规教育培训，要坚持日常化和多样化原则。

1. 教育培训日常化方面，要提高教育培训的频次，使合法经营意识真正入脑入心。

2. 在教育培训多样化方面，要采取全员培训和重点培训、集中培训和个别谈话、线上线下培训相结合方式开展培训。

3.在教育培训的重点人员方面,要结合本单位非法经营违法违规行为的发生环节,确立教育培训的重点人员;同时针对非法经营刑事风险库反映的情况,加大对风险程度较高岗位人员的合规教育力度。

4.要做好教育培训记录。集中教育培训要有全程录像和培训人员登记簿;个别教育谈话,要有谈话记录。

5.开展本单位反非法经营文化建设,培育浓厚的反非法经营文化气氛。

四、合规整改信息公开和报告义务

本单位在执行合规整改计划的过程中,要履行合规整改信息公开和报告义务,具体包括:

1.第三方合规监控人有向本单位全面了解合规整改信息的权利。

2.本单位有向合规监控人全面如实报告合规整改信息的义务。

3.本单位有积极配合监控人开展日常监控和独立评估的义务。

(来源:最高人民检察院涉案企业合规研究指导组编《涉案企业合规办案手册》)

第五节
企业合规典型案例

一、安然和安达信事件

在美国企业合规制度的发展史上,有两个企业破产事件,具有里程碑的意义。其中,1997年美国安然公司(曾位列美国

500强公司第7位的能源公司）的破产事件，导致美国行政监管机构开始建立实质性企业监管机制，加强了对企业的内控机制和合规管理体系。而2001年美国安达信公司（曾是全球五大会计师事务所之一）的破产事件，则导致美国联邦司法部对企业刑事起诉政策的重大调整，使检察机关大规模使用暂缓起诉协议和不起诉协议，行政机关则大规模使用行政和解协议，以取代过去长期实行的"严刑峻法"政策。其最终结果是企业在建立有效合规计划方面具有强大的激励机制，企业以自我监管、自我报告、自我披露和全力配合的方式，换取宽大的行政处理和刑事处理。

从此，企业合规机制逐渐成为美国执法机关普遍使用的激励和惩戒机制。

二、西门子公司的企业合规案例

2006—2008年，西门子公司曾经因涉嫌商业贿赂受到德国慕尼黑检察机关和美国司法部的调查，因其主动积极配合调查、整改，最终与德国政府和美国政府达成和解协议，分别向德国政府和美国政府缴纳和解金8亿美元。

西门子行贿事件发生后，西门子公司大力改善合规体系。

1.建立了独立而权威的合规组织体系。合规组织由首席合规官担任负责人，向西门子公司总法律顾问报告工作，并可以直接向西门子公司管理委员会和监事会提交报告。

2.将合规工作扩大到四大领域。(1)反腐败，防止权钱交易行为；(2)反垄断，防止违反公平竞争原则；(3)数据保护，注重保护相关的隐私数据；(4)反洗钱，注重防止西门子公司被用作洗钱和为恐怖主义融资的工具。

3.西门子的合规体系由两个部分组成。(1)商业行为准则（包括八个部分），被视为合规体系的核心环节，所有员工按照合规体系行事的基本要求，是保证"只有清廉的业务才是西门子的业务"的关键要素；(2)三大支柱——防范（体系）、监控（体系）、应对（体系）。

三、湖南建工诚信合规案例

湖南建工集团有限公司（简称湖南建工）是一家位列中国500强的大型国有企业。

该公司曾参与由世界银行资助的一起道路修建项目的竞标。世界银行廉政局审查认为，该公司在竞标时提交的业务经营文件不真实，构成《世界银行集团诚信合规指引》所定义的欺诈行为。对此湖南建工予以承认，并配合世界银行的调查。2013年10月，世界银行对该公司作出了"附解除条件的取消资格"两年的制裁决定。根据这份制裁决定，湖南建工（包括其关联企业）在两年内不得参与世界银行资助的项目，也不得因世界银行贷款而获益。两年期满后，该公司满足以下两个条件的，就可以申请恢复资格：一是针对被制裁的违规行为采取了适当的补救措施；二是建立并执行了符合世界银行要求的、有效的诚信合规计划。

世界银行的制裁给湖南建工既造成了融资困难，也造成声誉上的重大损失。为了解除制裁，湖南建工在世界银行的监控和指导下开始建立有效合规计划的行动。

湖南建工合规整改措施有：

1. 颁布合规政策和程序。

2. 建立合规组织体系。

3. 组织合规培训。

4. 对商业伙伴加强合规管理。

5. 展开合规风险评估。

6. 组织合规审计。

7. 建立举报制度,鼓励员工、第三方对集团的任何欺诈、贿赂、腐败、串通、施加压力和其他不符合合规政策的行为进行举报。

8. 全面配合世界银行的合规审查和持续监督。

9. 诚信合规政策和程序：一是禁止行为；二是商业伙伴尽职调查；三是业务活动中的反贿赂和反欺诈防范；四是合同签署后的监督；五是特殊支出管理；六是人事管理；七是准确的记录；八是合规委员会和首席合规官；九是评估和审计；十是培训；十一是合规证书；十二是沟通和报告；十三是奖励和惩罚。

2017年6月29日,湖南建工合规计划和实施诚信合规体系的努力得到了世界银行的认可,收到了世界银行的解除制裁通知书。

四、企业合规无罪抗辩第一案

（详见本章第三节案例,第315页）

五、中国证监会第一个行政和解案例

（详见本章第三节案例,第312页）

六、浙江首个企业合规法律监督案例

（详见本章第三节案例，第317页）

七、插旗菜业事件

2022年央视"3·15"晚会对没有任何食品安全保障的"土坑"酸菜进行曝光：插旗菜业（湖南插旗菜业有限公司）号称"老坛酸菜"是通过"老坛工艺，足时发酵"生产而成，竟然是根本不清洗、被工人用脚踩、混入烟头，甚至是防腐剂等添加剂超标2—10倍的"土坑"酸菜。

3月15日当晚，淘宝、京东、盒马等多家电商平台下架老坛酸菜方便面。被央视曝光的湖南插旗菜业有限公司等5家食品企业的网店被淘宝天猫平台下架。康师傅声明取消与插旗菜业一切合作。

央视"3·15"晚会曝光插旗菜业等5家食品企业食品安全相关问题后，涉事地的市场监管、公安等部门成立联合执法组，封存涉事产品，控制涉事企业相关人员。

插旗菜业涉事地的市场监管部门，根据《食品安全法》《反不正当竞争法》规定，对插旗菜业企业负责人处以罚款100万元，4名生产负责人分别被处以罚款40万—96万元，该企业因虚假宣传被处以罚款200万元，企业停产停业整改。

第六节
小微企业合规建设

一、小微企业合规的难点

（一）从企业内部看

1. 多数企业管理者对企业合规认识不足。

2. 存有侥幸心理，出了问题再说。

3. 对实施企业合规缺乏动力。

4. 客观上，人员少，无暇顾及。

5. 不利于实施企业合规的其他因素。

（二）从企业外部看

1. 营商环境不能独善其身，如权力人物腐败风气腐蚀了政治生态，也毒害了市场生态，是商业贿赂产生的源头之一。

2. 商业道德气氛还很淡薄。

3. 只看眼前利益，企业合规增加成本，而不合规更有利可图。2022年央视"3·15"晚会曝光"插旗菜业"，有记者就"老坛酸菜"出口、"地沟酸菜"内销问题采访涉事企业某员工，其原因就是成本问题，被查出有质量问题，国内监管部门仅罚款上千元，而外商则要索赔十几万元。

4. 企业违规违法经营还很严重，对实施企业合规具有负面效应。仅从每年"3·15"曝光的案件，以及最高人民法院、最高人民检察院、公安部、市场监管局、证监会披露的大案件，就可见一斑。

"企业违法违规经营的现象并没有得到有效遏制,尤其是在商业贿赂、不正当竞争、知识产权、环境保护、金融、税收等领域,企业违规经营甚至构成犯罪的情况,可谓已经达到触目惊心的地步。"(陈瑞华:《企业合规基本理论》)

5. 缺乏国家层面的小微企业合规整体规划。

6. 缺乏企业合规激励制度的立法。企业合规的推行,需要企业合规的行政监督激励制度和刑法激励制度的立法。

可喜的是最高人民检察院近年来已开展对涉案企业合规激励的试点工作,并从理论和实践多方面进行探索,非常有益于推动企业的合规建设。

二、小微企业合规建设的探讨

(一)企业实施合规建设的指引

以最高人民检察院涉案企业合规研究指导组编写的《涉案企业合规办案手册》作为小微企业合规指南,不失为当前小微企业实施企业合规较好的选择。

(二)小微企业合规的组织机构

企业合规的领导与实施,视企业的实际情况而定。有条件的企业,由企业的负责人负责,合规部门具体实施;管理人员少、经营规模很小的企业,由企业负责人总负责,兼职法务人员或者专项合规对应岗位人员具体负责。

(三)企业合规性项目计划

《公司法律部》一书认为:"一个成功的合规计划必须是简单的、切实可行的、易于理解的,并根据公司的需要量体裁衣。"根据

我国小微企业的实际,小微企业合规性项目要考虑以下几点:

1. 抓企业专项合规计划,要紧扣实效性、规范性、可操作性;立足一个核心:防范风险,识别风险,应对风险。

2. 抓重点环节。企业的人、财、物、决策、合同等。

3. 抓企业关键制度。第一,抓企业专项合规制度;第二,根据企业专项合规要求,全面梳理以往的企业制度,整改、完善企业制度。

(四)人员配置

鉴于企业合规涉及外部法律、法规、政策和协议,内部的章程、规章制度等,在人员方面,企业可以用培养企业合规专业人才与聘请专业人员担任顾问相结合的方式。

本章小结

- 实施企业合规是大势所趋。

- 实施企业合规是小微企业依法治理的核心内容。

- 小微企业实施企业合规,核心是防控风险。

参考资料

企业法律顾问

[1] [美]卡罗尔·巴斯里、[美]欧文·卡根著《公司法律部（第三版）》，本书译委会译，法律出版社2010年版。

[2] 乔路主编《企业法律顾问实务全书（修订本）》，法律出版社2012年版。

[3] 王宗正主编《企业法务：从入门到精通》，法律出版社2020年版。

企业风险防范

[1] 陈瑞华著《企业合规基本理论》，法律出版社2020年版。

[2] 战飞扬著《公司合规：创始人避免败局的法商之道》，人民日报出版社2019年版。

[3] 徐永前主编《企业法律风险管理基础实务》，中国人民大学出版社2020年版。

[4] 张扬、蒋丹青著《企业常见法律问题及风险防范：管理者身边的法律顾问》，中国法制出版社2021年版。

[5] 中共深圳市委全面依法治市委员会办公室、深圳市司法

局、深圳市律师协会编《民营企业合规与法律风险防控读本》，法律出版社 2021 年版。

[6] 卢建平、张旭辉编著《美国反海外腐败法解读》，中国方正出版社 2006 年版。

[7] 蒋娜、张永久、邵丽琨、朱圳、马帅译《美国政府道德法》《1989 年道德改革法》《行政部门雇员道德行为准则》，中国方正出版社 2013 年版。

[8] 王君祥编译《英国反贿赂法》，中国方正出版社 2013 年版。

企业治理管理

[1] 周常发编著《企业内部控制实施细则手册》，人民邮电出版社 2017 年版。

[2] 杨宗岳编著《营销管理必备制度与表格典范》，企业管理出版社 2020 年版。

[3] 谢心乐、朱崇坤著《股权激励法律实务》，中国法制出版社 2019 年版。

[4] 新零售运营管理项目组编写《商场超市运营与管理》，化学工业出版社 2021 年版。

[5] 李世亮、李海嘉著《私人财富安全守卫之道：律师教您玩转"守财"法律工具》，法律出版社 2020 年版。

法律汇编

[1] 中国法制出版社编《商法》，中国法制出版社 2019 年版。

[2] 杨立新、郭明瑞主编，张平华、刘宏渭、徐千寻、张龙编

著《中华人民共和国民法典.总则编(释义)》,人民出版社 2020 年版。

[3] 杨立新、郭明瑞主编,丁文、文杰编著《中华人民共和国民法典.物权编(释义)》,人民出版社 2020 年版。

[4] 杨立新、郭明瑞主编,戚兆岳、郝丽燕、孙犀铭编著《中华人民共和国民法典.合同编(释义)》,人民出版社 2020 年版。

[5] 杨立新、郭明瑞主编,曹相见、杜生一、侯圣贺编著《中华人民共和国民法典.人格权编(释义)》,人民出版社 2020 年版。

[6] 杨立新、郭明瑞主编,王丽平、李燕、翟甜甜编著《中华人民共和国民法典.婚姻家庭编(释义)》,人民出版社 2020 年版。

[7] 杨立新、郭明瑞主编,孙毅、刘耀东编著《中华人民共和国民法典.继承编(释义)》,人民出版社 2020 年版。

[8] 杨立新、郭明瑞主编《中华人民共和国民法典.侵权责任编(释义)》,人民出版社 2020 年版。

[9] 谭淼编著《刑法规范精解集成(第七版)》,法律出版社 2021 年版。

[10] 法律出版社法规中心编《中华人民共和国合同法律规范全书(含示范文本)》,法律出版社 2022 年版。

[11] 中国法制出版社编《知识产权法》,中国法制出版社 2022 年版。

其 他

[1] 何君、田源主编《侵权赔偿纠纷裁判思路与裁判规则》,法律出版社 2017 年版。

[2] 王冠舜主编《中国合同库·商业地产》,法律出版社 2019 年版。

[3] 弋勇、李响著《国际商法理论与实践》,中信出版社 2022 年版。